JN242917

Environment/Social/Governance

環境性能認証に対応できる「不動産・建築ESG」実践入門

環境・省エネルギー計算センター 代表 尾熨斗啓介
ONOSHI Keisuke

日本実業出版社

はじめに

あなたはESGの知識にどれだけ自信がありますか？

ESGはEnvironment（環境）、Social（社会）、Governance（ガバナンス）の頭文字をとって作られた言葉になります。

ご存じの通り、ESGは世界的に関心が高まっており、各企業はいかにESGに配慮していくか、それを開示していくかが問われています。

それゆえ企業の中でESG推進担当部や委員会が設立されたり、ESG担当者が任命されたりと、ESGに対する動きはどんどん活発化しています。

しかし、担当部署や担当者の中にはESGに関する知識を十分に持ち合わせていない人も少なくありません。特に不動産ESGに関しては比較的最近注目を集め始めたこともあり、ほとんど知識がないといった状態で配属されてしまうこともあるのです。

実際、弊社には不動産ESGやそれに付随する環境性能認証に関する問い合わせが増えてきています。彼らの多くは、意図せずESG担当に任命されてしまった人も多くいます。彼らはただ知りたいというよりも、知らなければいけないという立場にあるため、藁（わら）にも縋（すが）る思いで問い合わせているのです。なお、本書に出てくる不動産ESGは、不動産・建築ESGのことを意味します。

こうした背景には、現時点で不動産ESGに関する専門書が少なく、学ぶ機会が得られていないことがあるのではないかと感じています。世界中が不動産ESGを推進しているにもかかわらず、学ぶための方法がないという現状は、大変嘆かわしいことです。

このままでは、日本の不動産ESGの発展は見込めないと感じたため、不動産ESGを解説する本書を世に送り出すことを決意しました。

本書では、不動産ESGの知識だけではなく、弊社がこれまで培った経験や知識などが詰め込まれています。企業のESG担当者だけでなく、これから不動産ESGについて学びたいという人にも、大いに役立つことでしょう。

正直に申し上げますと、このノウハウの流出は会社としては痛手です。今後、会社をさらに発展させることを考えれば、社内で留めておく方がいいという考え方もあります。

ですが、弊社は「建築物・不動産のエネルギー消費を劇的に減らすことで、地球温暖化に歯止めをかける」という壮大なミッションを掲げています。企業のESG担当者が必要な知識を得られないということはこのミッションを達成するために大きな弊害となります。

私の行動の基準は「地球環境のために何ができるか」です。

そのために、学びたい、努力したいという人を応援し、その努力に報いたいと思っています。

たとえ、会社の発展に遅れが出てしまったとしても、それらを優先するのが会社のミッションであり、私の使命です。

本書で書かれていることが広まることで、世の中の不動産ESG・環境性能認証の知識・経験の底上げにもつながるものと確信しています。

本書では、基本的な知識はもちろんのこと、よくある問い合わせや質問がまとめられているため、不動産ESGに関するあらゆる疑問が解決できるはずです。

もし、本書を読んでもわからないことがあるというのであれば、遠慮なく弊社にお問い合わせいただければと思います。

不動産ESGについて知りたい人、ESG担当者として知識を付けたい人、環境性能認証取得により不動産価値を向上させたい人、ESGを通して地球環境に貢献したい人、努力する全ての人たちに、本書が役立つことを願っています。

2024年11月1日

環境・省エネルギー計算センター

代表　尾熨斗 啓介

目次

第 1 章

なぜ「環境性能認証」が求められるのか？

第 2 章

「環境性能認証」導入の実務

第 3 章

既存建築物は どんな環境性能認証を取ればよいか？

第 4 章

J-REITと不動産ESG投資の高い親和性

巻末付録

図については、各ページ、スペースなどの関係上、元の表及び図を加工したうえで掲載。それぞれの図中の文章及び漢字などの表記は、出典元の原文のまま記載。本書で使用する社名、製品名は、一般には各社の登録商標または商標です。なお、本文中では原則として TM、® マークは明記していません。

カバーデザイン／志岐デザイン事務所（萩原 睦）
本文デザイン・DTP ／初見弘一
企画・出版プロデュース／吉田浩（天才工場）
編集協力／森雅之、櫻庭由紀子、嶋屋佐知子
大川朋子、奥山典幸、大畑夏穂
校正／本多一美、文字工房燦光

Environment | Social | Governance

プロローグ

新築建築物の2025年「着工難民問題」と、これからの建築物に求められる環境性能認証

プロローグ 1 | Environment | Social | Governance |

2025年全ての新築で省エネ基準適合義務化により生じる着工難民問題とは？

2025年の「改正建築物省エネ法」では全ての新築建築物において省エネ基準適合が求められ、省エネ計算が必要な建築物は爆発的に増加します。

省エネ基準適合義務化の拡大、施行は2025年

SDGs（Sustainable Development Goals：持続可能な開発目標）やESGなどの環境性能向上への取り組みは企業評価や投資判断の重要なテーマとなっており、今や企業や自治体にとって必須の取り組みです。建築や不動産の業界においても同様で、新築・既存にかかわらず、建築物の省エネ対策が求められています。

2020年、菅元総理は「2050年カーボンニュートラル、脱炭素社会の実現を目指す」ことを宣言しました。現在、日本における建築分野の最終エネルギー消費量は全体の3割を占めると言われており、建築分野が環境や経済に与える影響は甚大です。建築分野の省エネに関する取り組みは今後さらに活発化すると考えられるでしょう。

こうした環境に配慮する動きを受け、国土交通省・経済産業省・環境省の3省は2021年10月、地球温暖化対策（温室効果ガス排出量など）の削減目標を強化する「エネルギー基本計画」を閣議決定しました。これは2050年までに住宅・建築物のストック平均でZEB/ZEH（ゼブ/ゼッチ）（ネット・ゼロ・エネルギー・ビル／ハウス）水準の省エネ性能の確保を目指すというものです。

この「エネルギー基本計画」の策定に伴い2025年にスタートするのが「改正建築物省エネ法」です。

現行法では、中大規模の非住宅建築物を対象に省エネ基準「適合義務」が、中大規模の住宅を対象に省エネ基準への適合状況の「届出義務」が、それぞれ建築主に課せられています。その他の小規模建築物の建築主に対しては、「説明義務」に留まっており、必ずしも省エネ基準を満たす必要

はありませんでした。しかし、2025年4月の改正から、これまで省エネ基準適合義務の対象外だった住宅、及び小規模建築物にも、省エネ基準への適合が義務付けられることになりました。

つまり、2025年からは原則として「全ての新築住宅・非住宅」が省エネ基準に適合しなければならない旨を法律によって定められたのです。

図1 建築物省エネ法　令和4年度改正の背景

エネルギー消費の約3割を占める
建築物分野での省エネ対策を加速
〈エネルギー消費の割合〉（2019年度）
建築物分野：約3割
業務・家庭
運輸
産業
30%
23%
46%

図2 省エネ基準適合を拡大

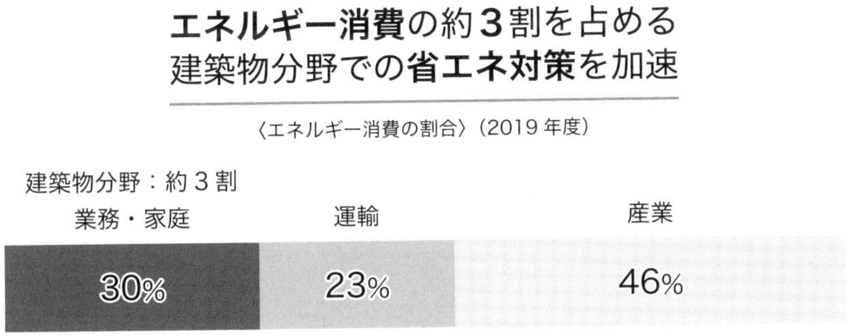

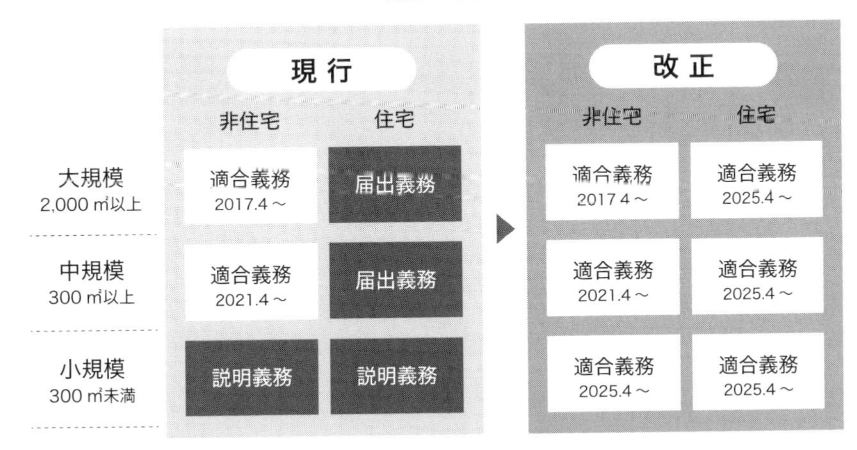

〈基準適合に係る規制の概要〉
— 新築の場合 —

	現行 非住宅	現行 住宅	改正 非住宅	改正 住宅
大規模 2,000㎡以上	適合義務 2017.4～	届出義務	適合義務 2017.4～	適合義務 2025.4～
中規模 300㎡以上	適合義務 2021.4～	届出義務	適合義務 2021.4～	適合義務 2025.4～
小規模 300㎡未満	説明義務	説明義務	適合義務 2025.4～	適合義務 2025.4～

出典：国土交通省「令和4年度改正建築物省エネ法の概要」（上記図1、図2）
（https://www.mlit.go.jp/jutakukentiku/house/shouenehou_r4.html ）を加工して作成

着工できない建築物があふれ、市場が混乱する恐れも

省エネ基準の適合審査は、建築確認申請と連動して行われます。省エネ適合性判定がおり、建築確認が下付されることで初めて着工が可能となります。つまり、省エネ基準に適合していなければ、着工すらできなくなってしまうのです。

省エネ基準を満たしているかどうかは、「省エネ計算」をすることによって算出します。この省エネ計算により省エネ性能が数値化され、基準に適合しているか判定されます。

国土交通省の調査によると、2020年に省エネ基準適合義務の対象となっていた中大規模の非住宅の建築物は約1.4万件、届出義務となっていた中大規模の住宅の建築物は約1.8万件でした。合計すると、省エネ計算を必要としていた建築物は約3.2万件ということになります。

同年の小規模の非住宅・住宅の建築物は約44.5万件でした。2025年4月にはこれら全てが、原則として省エネ適合基準の義務化対象となります。

ただ、住宅には「仕様基準」があり、一定の仕様の外皮や設備を用いることで、省エネ基準を満たしていると判定され、その場合には省エネ計算は不要となります。国土交通省の予測では、仕様基準によって省エネ計算が不要となる建築物は、多くても約8万件としています。

このことから、全ての新築建築物に省エネ基準適合が義務化される2025年4月には省エネ計算が必要となる建築物は約36.5万件程度と考えられます。これは現状の10倍以上であり、爆発的な増加が見込まれます。

しかし、省エネ計算ができる人材や企業は限られており、弊社の調べでは、省エネ計算を専門的に行っている代行会社は約10社、個人事業主、小規模の会社やサービスの一つとして省エネ計算を行っている会社を含めても50～60社程度しかありません。今後、需要が10倍以上になることを考えると、圧倒的な人材不足が懸念されます。前述した通り、省エネ基準に適合できなければ建築物を着工できなくなるため、これは由々しき問

題です。

省エネ計算の代行会社を探してもなかなか見つからず、省エネ適合性判定を得られずに着工できない状態を、弊社は「着工難民」と呼んでいます。このままでは、省エネ計算待ちの建築物、つまり着工難民が市場にあふれてしまいます。

実は既にその兆しは出ており、弊社には「他の省エネ計算会社に断られた」「この設計では適合しないと言われた」「自分たちで計算しようとしたものの、やり方が全くわからないし、勉強する時間もない」など、省エネ計算に困惑する企業からの相談が、日増しに多くなっています。

省エネ計算会社の立場としては、問い合わせの増加は喜ぶべきことなのでしょうが、建築主の立場を考えると、思うように省エネ計算を進められないのは大きな痛手です。着工できない建築物が増えれば建築業界の低迷にもつながりかねず、喜んでばかりもいられません。

省エネ計算は、建築物の外皮性能や一次エネルギー消費量、太陽光発電の有無など総合的な判断に基づくため、非常に複雑です。省エネ計算に対応可能な設計担当者は徐々に増加傾向ではありますが、知識の乏しい担当者が対応することで、計算ミスによる手戻りの発生やスムーズに適合性判定が下りないなど、着工遅延にもなりかねません。

図3 建築確認における省エネ基準への適合審査の流れ(改正後)

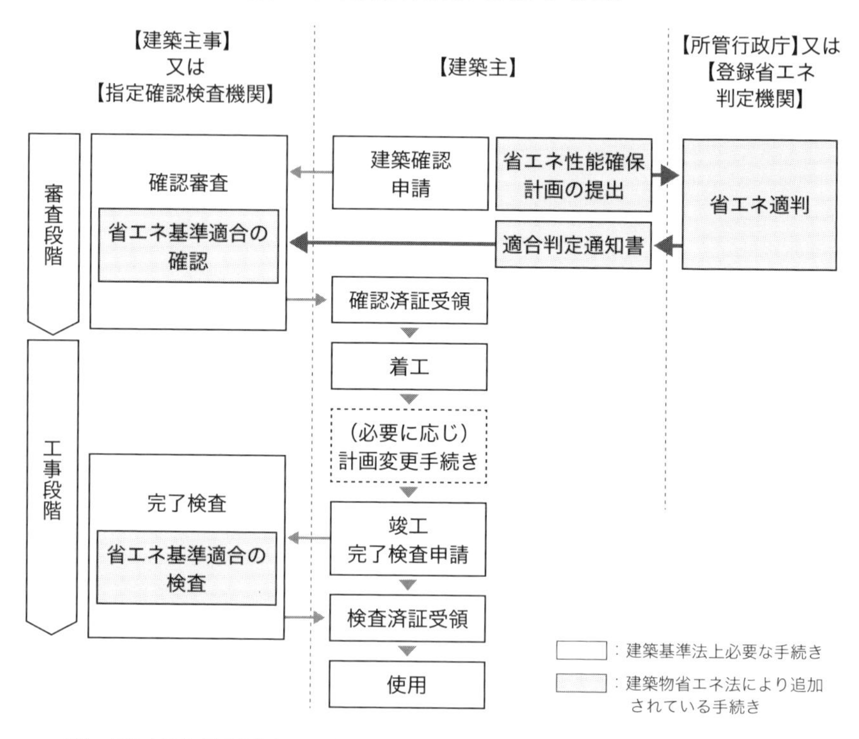

出典：国土交通省「【建築物省エネ法第11・12条】適合性判定の手続き・審査の合理化について」(https://www.mlit.go.jp/jutakukentiku/house/02.html ）を加工して作成

2025年4月に予測される市場の混乱に向けた取り組みを

弊社では、そういった事態を少しでも減らすために様々な取り組みを行っています。

一つはやはり省エネ計算ができる人を増やすこと。省エネ計算ができる人材の絶対数を増やすことができれば、当然対応できる建築物の数も増えます。

弊社では省エネ計算を学ぶオンラインスクールを開校しています。設計担当者の方がスクールで学ぶことで、専門の省エネ計算代行会社を通さず、自社対応が可能です。学ぶ内容は主に木造の戸建住宅のような、比較的省エネ計算が簡易な建築物です。複雑な構造の建築物となると、確認する図面が増え、高度な省エネ計算の知識が必要です。こうした自社で対応するには複雑で工数がかかる建築物に関しては、弊社のような専門家を通すことでスムーズに業務を進めることができます。

もう一つの取り組みは、省エネ計算ソフトの開発です。

Webプログラムを筆頭に、いくつか省エネ計算ソフトはありますが、まだまだ改善の余地はあると考えています。

より正確に、より早く計算できるソフトを開発することで、生産性は大きく向上するでしょう。

ただ、弊社でこうした取り組みを行っていても、爆発的に増加する需要に対応するにはまだまだ足りません。2025年4月に備え、市場が混乱することがないように、国や建築業界全体で対策を講じることが必要です。

プロローグ 2 | Environment | Social | Governance |

2030年新築、50年既存ストック平均でZEB/ZEH基準確保が求められる

政府は脱炭素社会に向け、建築物に対してZEB/ZEHレベルの省エネ性能を求め始めており、規制も徐々に強化される予定です。

脱炭素化にむけた建築物と住宅のあり方

国によるZEB/ZEH基準の推進は、2020年の臨時国会において菅元総理による「2050年カーボンニュートラル、脱炭素社会の実現を目指す」ことの宣言を踏まえたものです。

国土交通省・経済産業省・環境省の3省合同の「脱炭素社会に向けた住宅・建築物の省エネ対策等のあり方検討会」で提言されており、2050年までに建築物のストック平均でZEB/ZEHレベルの省エネ性能の確保と、住宅・建築物における太陽光発電設備などの再生可能エネルギーの一般化を目指しています。

この実現に向け、2030年には全ての新築建築物のZEB/ZEHレベルの省エネ性能確保と、新築戸建住宅の6割において太陽光発電設備の導入を提言しています。

さらに、2021年10月に改定された「政府実行計画」において、政府は「今後予定する新築事業については原則ZEB Oriented相当以上とし、2030年度までに、新築建築物の平均でZEB Ready相当となることを目指す」と定めました。

また、全国知事会では、2022年7月に「脱炭素・地球温暖化対策行動宣言」を宣言。「都道府県が整備する新築建築物について、ZEB Ready相当（50%以上の省エネ）を目指す」としています。

このように、新築建築物についてはZEB/ZEH基準に基づいた建築が進められ、2030年、2050年に向けて多くの建築物がこの基準を満たすものと予測されます。

しかし問題は既存の建築物です。既存の建築物には所有者だけでなく、テナントや入居者などを含めて多くの関係者がいるため、一つの規制に基

づいた改修でも多大な影響を及ぼします。このため、既存建築物に関してどのような法規制がなされていくのか、今後の動きが注目されています。

図4 ZEBの実現・普及に向けたロードマップ

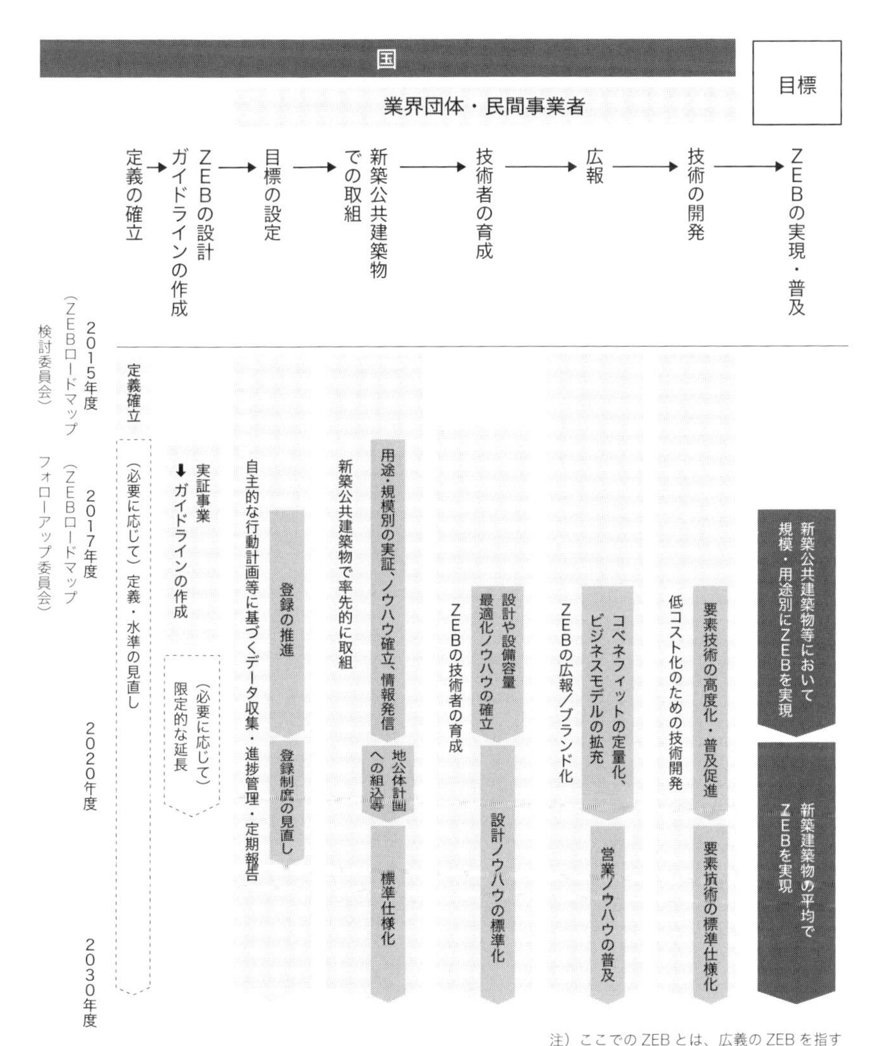

経済産業省資源エネルギー庁「ZEBロードマップフォローアップ委員会とりまとめ」（2018年5月）
出典：環境省「ZEB PORTAL（ゼブ・ポータル）」
（https://www.env.go.jp/earth/zeb/detail/02.html）を加工して作成

ZEB/ZEHはBELSの上位レベル

ZEB/ZEHの認証では外皮性能や一次エネルギー性能を評価します。実は、これは建築物省エネルギー性能表示制度のBELS（ベルス）と同じ評価基準です。ただし、ZEB/ZEHではBELSで最高ランク以上の省エネルギー性能が必要となり、かつ太陽光発電などの再生可能エネルギーを活用する、いわゆる「創エネ」も考慮に入れなければいけません。そのため、ZEB/ZEHはBELSの上位互換と言って差し支えありません。

ZEB/ZEH基準の申請の手続きはBELSと大きく変わりません。しかし、基準を満たすためには、建築・設計・省エネ計算の専門的な知識による高度で緻密な計算を行う必要があります。知識の修得には時間がかかり、独学しようにも体系的に学ぶための制度は未だ整っていません。大規模物件や高性能な設備が導入されているビルの省エネ計算はさらに複雑です。

また、基準を満たすためには高性能な断熱材や窓、設備機器なども必要となるため、全体的な建設費が上がることも考えられます。

現在、ZEB/ZEHの取得の主な目的は、補助金の活用や金融機関・投資家・テナントへのアピールです。しかし今後は、全ての関係者が、2050年の建築物のストック平均ZEB/ZEH化実現に向けた法整備による義務化に対応するために、計画を進めなければならないときがほぼ確実にやってきます。

もちろん、早めにZEB/ZEH化できればそれに越したことはないですが、実現には前述のように多大なコストがかかるため、必要に応じて補助金を活用しながら計画的に進めていくのが得策です。

建築物は10年や15年経過した段階で設備更新を行っていきますが、更新の際に同じ設備を再導入しても省エネ性能は上がりません。感覚的には、経年劣化した設備を入れ替えれば省エネ性能値が上がるように感じるかもしれませんが、建築物省エネ計算において、経年劣化は考慮されていないため、性能は上がらないことになります。どのみち費用が発生するのであれば、少し費用が高くなっても省エネ性能に優れた設備に入れ替えていき、そのときの設備更新の段階でここまでの対応をするなど、計画的に進めながらZEB/ZEH基準に近づけていくといいでしょう。

ただ、計画的に進めるといっても、限られた予算の中で、どの設備から手を付けたらいいのか、どこまで進めていけばいいのかわからないことも多いでしょう。そういう場合は今のうちから省エネ計算の専門会社に相談するなどの準備をおすすめします。

図5 エネルギー消費量の正味(ネット)でゼロ化を目的とするZEB/ZEH

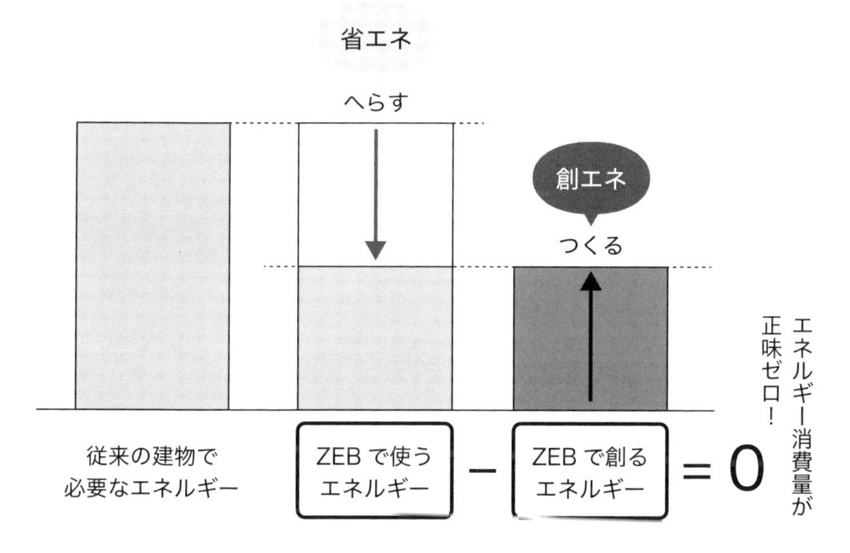

出典；環境省「ZEB PORTAL（ゼブ・ポータル）」（https://www.env.go.jp/earth/zeb/about/）を加工して作成

図6 ZEH（ゼロ・エネルギー住宅）等の推進に向けた取り組み（令和５年度予算等）

2050年カーボンニュートラル実現に向けて、関係省庁（経済産業省・国土交通省・環境省）が連携して、住宅の省エネ・省CO2化に取り組み、2030年度以降新築される住宅について、ZEH基準の水準の省エネ性能の確保を目指し、ZEH等に対する支援を継続・充実する。

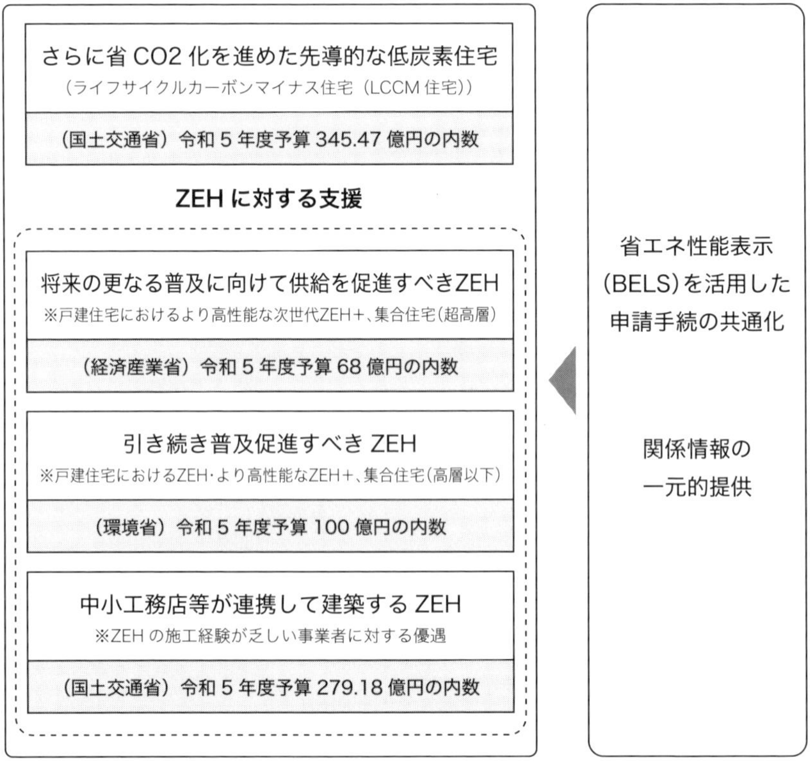

さらに省CO2化を進めた先導的な低炭素住宅
（ライフサイクルカーボンマイナス住宅（LCCM住宅））
（国土交通省）令和５年度予算345.47億円の内数

ZEHに対する支援

将来の更なる普及に向けて供給を促進すべきZEH
※戸建住宅におけるより高性能な次世代ZEH+、集合住宅（超高層）
（経済産業省）令和５年度予算68億円の内数

引き続き普及促進すべきZEH
※戸建住宅におけるZEH・より高性能なZEH+、集合住宅（高層以下）
（環境省）令和５年度予算100億円の内数

中小工務店等が連携して建築するZEH
※ZEHの施工経験が乏しい事業者に対する優遇
（国土交通省）令和５年度予算279.18億円の内数

省エネ性能表示（BELS）を活用した申請手続の共通化

関係情報の一元的提供

出典：経済産業省資源エネルギー庁「ZEH（ネット・ゼロ・エネルギー・ハウス）に関する情報公開について―省エネ住宅省エネポータルサイト」
（https://www.enecho.meti.go.jp/category/saving_and_new/saving/general/housing/index03.html）を加工して作成

プロローグ 3 | Environment | Social | Governance |

これからの建築物に求められる環境性能認証

ZEB/ZEH 以外の環境性能認証の取得も今後求められることが予想されます。取得する場合はテナントなどが入居する前の新築段階がスムーズです。

法規制に向けた対応はできれば新築段階で進めたい

前項で、ZEB/ZEH化の計画的な進行について述べていますが、新築する建築物であれば、その段階での対応が望ましいでしょう。

特にオフィスや商業施設など、多くの既存建築物（不動産）では既にテナントが入居しています。ZEB化のために改修を行う際、テナントが入っている状態ではなかなかスムーズにいかない可能性があります。

また、既存建築物の場合、建築時や改修時の図面やCADデータが残っていない場合があります。一部の図面がない場合でも計算することは可能ですが、その箇所の省エネ性能は不利な数値で計算しなければならず、高い評価を得ることは困難です。

図面はあるもののCADデータがない場合は、まず図面をCAD化してから計算するなどの必要がありますが、極めて専門的な知識が必要となり、弊社を含めても対応できるのは限定的でしょう。

弊社でも、不動産の購入前に環境性能認証取得の必要資料の確認や環境性能認証が取得できるかの事前確認の相談は増加しており、今後さらに増えるものと予測されます。

環境性能認証を取得している建築物は売買されやすい

建築物の環境性能を評価する指標はZEB/ZEHだけでなく、CASBEE（キャスビー）やDBJ Green Building（DBJグリーンビルディング）認証など、様々な種類があります。これらは目に見えない環境への配慮を数値化して評価し、価値がある建築物であることのお墨付きを与えるものです。

高ランクの環境性能認証を取得している建築物は光熱費が安いなどのメリットがあるため、ランニングコストが抑えられます。また、ESG評価として開示しやすく、REITや不動産ファンドといった不動産の購入者へのアピールとしての効果が期待できます。
購入者側としても、購入してから環境性能認証を取得しようとすると、計算や手続きが煩雑になるため、既に取得済みの場合はプラス評価となるでしょう。
こうしたことから、将来的に売却を視野に入れている場合は、新築する段階で環境性能認証を取得しておくのが望ましいと言えるでしょう。

私が環境性能認証の取得をすすめるのには他にも理由があります。それはやはり地球環境のためです。
既にお伝えしている通り、日本の建築部門はエネルギー消費において全産業の３割を占めています。環境性能認証の取得によって不動産所有者が得られるものは多く、ただ利益のためだけに取得する人もいるでしょう。ですが、結果として環境に配慮した建築物が増え、CO2をはじめとした温室効果ガスを減らすことにつながるのは喜ばしい限りです。

少し重たく感じるかもしれませんが、地球環境問題に貢献するのは今を生きる人間の義務です。弊社のミッションとしても掲げていますし、私個人としても本気で地球環境について考えています。
そのためにできることが省エネ計算であり、環境性能認証の普及です。これらは地球環境問題を解決するための一助になると信じています。

環境性能認証と不動産ESG投資の深い関連性

不動産 ESG 投資において環境性能認証の取得は大きな意味を持ちます。しかし、未だに取得に踏み切れない企業も多いのが現状です。

環境性能認証と不動産ESG投資の関係

不動産ESG投資において、環境性能認証を取得することは重要です。企業がESGを推進していく目的の一つとして、ステークホルダーへのアピールがあります。わかりやすい指標として環境性能認証が広く利用されていることがわかります。なお、本書に出てくる不動産ESGは、不動産・建築ESGのことを意味します。

実際、J-REITや不動産ファンドの多くは、ホームページなどでESGやサステナビリティに関して方針を開示していますが、その多くが環境課題への取り組みの指標として、環境性能認証の取得状況を公表しています。新たに認証を取得する度にニュースリリースとして配信している企業も少なくありません。裏を返せば、それだけ投資家をはじめとしたステークホルダーが重要視しているのです。

環境課題の取り組みへの評価が投資に求められている現代において、不動産ESG投資と環境性能認証は切っても切れない存在になりつつあると言えるでしょう。

環境性能認証を取得しないとおいて行かれてしまう時代が来る

しかし、環境性能認証の重要性が広まっているにもかかわらず、取得に積極的ではない企業もあります。

この理由として、環境性能認証の取得におけるコストを回収できるだけの、明確なメリットを示すデータが蓄積されていないことが考えられます。

環境性能認証の取得により、賃料が上がる可能性、ランニング費用が下がり、不動産収益が増加する可能性、さらに、不動産利回りが下がる（価格が上がる）可能性などの結果を調査機関が発表していますが、それらのメリットを確信できるほどのトラックレコードはたまっていません。

経済合理性が示せるデータが少ない現状に、多くの企業が検討段階で止まってしまうのです。

今では多くの企業がアンケート調査や実態調査を行い、取得後、5年や10年経過することで、イニシャルコストを補って余りあるランニングコストの削減が見込めるというデータを発表していることから、取得に動く企業は徐々に増えていますが、それでも有効性を理解できない企業はそこで二の足を踏み続けています。

ただし、環境性能認証取得に動く企業の増加が予測され、取得がスタンダードとなることは間違いありません。今動けない人はどんどんおいて行かれてしまうでしょう。

図7 世界の主な建物の環境認証制度

評価対象			日本	米国	英国	豪州	シンガポール
個別の建築物	エネルギー性能		BELS eマーク	ENERGY STAR（建築物評価は米国のみ）	EPC（欧州各国でそれぞれ独自に策定）	Green star	–
	総合的な環境性能		CASBEE DBJ Green Building 認証	LEED（全世界で使用可能）	BREEAM（全世界で使用可能）	NABERS	BCA Green Mark
		＋健康・快適性等	CASBEE-ウェルネスオフィス	WELL（全世界で使用可能）	–	–	–
不動産会社・ファンド			GRESB				

出典：環境省「ZEB PORTAL（ゼブ・ポータル）」（https://www.env.go.jp/earth/zeb/detail/09.html）を加工して作成

プロローグ **5** | Environment | Social | Governance |

今後、不動産ESG投資は爆発的なブームになる可能性も？

ESGにおける不動産部門が環境課題に果たす役割は大きく、今後不動産ESG投資市場の急速な拡大が予測されます。

日本における不動産ESG投資の動向

不動産ESG投資について、国内では2019年に国土交通省が「ESG不動産投資のあり方検討会」が設立され、促進に向けた取り組みが進められています。

世界において「ESG」の言葉が使われるようになったのは、2006年に国連のアナン元事務総長が提唱したPRI（責任投資原則）に端を発します（30ページ参照）。投資家は環境・社会・ガバナンスに配慮した投資をするべきとした宣言ですが、この考え方が注目され推進されてきた背景に、「環境」「社会」「ガバナンス」のバランスが成り立っていなかったことがあります。

これまで世界の企業では、経済を発展させるために環境や人権を犠牲にしてきました。このままでは地球の環境は破壊され、快適な労働ができなくなり、経済成長に悪影響を及ぼすでしょう。この悪循環を好転させ持続可能な経済成長を可能にするために、ESG投資が提唱されたのです。

不動産ESG投資では通常のリスク・リターンの2軸の他に、第3の軸である「社会的なインパクト」（25ページ）が加わります。これは環境・社会に配慮した要素であり、かつ、中長期的な経済リターンとの両立を意識したものです。

国内では2018年7月に環境省が公表した「ESG金融懇談会提言　ESG金融大国を目指して」において、直接金融市場におけるESG投資の加速化が提言されました。当初日本では、社会的インパクトについて省エネルギー推進など環境負荷低減に関連する取り組みが意識される傾向にありました。しかしここでは、環境・社会の持続可能性にインパクトを与えるため、「金融機関は、ESGを考慮する動きを、金融商品（株式、債券など）」

や不動産などのアセットクラスに広げていくための取り組みに努めることが期待されるとしており、不動産投資にもESGを考慮する旨が提言されています。

また昨今、国土交通省では省エネ推進に加えて、健康・快適性の向上や地域社会・経済への寄与、災害への対応、超少子高齢化への対応など、社会課題への対応「社会（Social）」を推進する動きが見られます。

特に災害・防災対応は2011年の東日本大震災を契機に重視されており、不動産・建築には地震や災害に強い設計が求められています。さらに、子育てや教育、介護などの課題に向けた不動産・建築も増加傾向にあり、ESG不動産による地域経済発展にも期待が寄せられています。

図8 不動産へのESG投資の枠組み

不動産分野におけるESG投資の
対象となる開発・運用の取り組み例

個別不動産レベル

環境 Environment

省エネルギー性能の向上
再生可能エネルギーの活用

社会 Social

健康性・快適性の向上
災害への対応
地域社会・経済への寄与
超少子高齢化への対応

企業・ファンドレベル

ガバナンス Governance

情報開示
透明性・内部統制の確保
ダイバーシティの実現

個別不動産の取り
組みを支える基盤

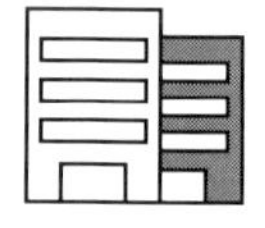

出典：国土交通省「ESG不動産投資のあり方検討会　中間とりまとめ（概要）～我が国不動産へのESG投資の促進に向けて～」（https://www.mlit.go.jp/common/001296849.pdf）を加工して作成

図9 不動産へのESG投資の基本的な考え方

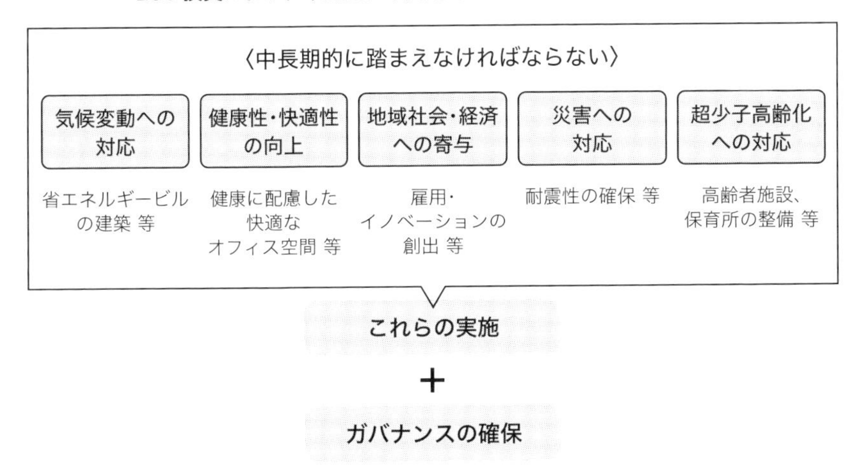

出典：国土交通省「ESG不動産投資のあり方検討会　中間とりまとめ（概要）～我が国不動産へのESG投資の促進に向けて～」（https://www.mlit.go.jp/common/001296849.pdf）を加工して作成

環境性能認証を取得する企業の倍増

日本におけるESG不動産投資への関心は、GPIF（年金積立金管理運用独立行政法人）のPRI署名（2015年）に代表されるように高まりつつあります。環境や社会課題を解決する社会的インパクトを重視した企業へ投融資を行う金融業界の取り組みは既に始まっており、この指標となるのが「ESG評価」（38ページ）です。不動産においては環境性能認証のランクが挙げられます。

環境性能認証のランクは、グリーンビルディングの評価を数値化したもので、ESG投資家にとって取得件数や取得比率と共に重要な情報です。

国内ではBELSやCASBEEなどがあります。

環境性能認証による環境や社会の改善貢献の可視化は、不動産の価値向上、所有する企業の評価向上につながります。

2023年6月にシービーアールイー株式会社（CBRE）が発表したレポートによると、2023年3月時点の想定成約賃料のモデルで比較した結果、環境性能認証を取得したビルは未認証のビルよりも賃料水準が5～6%ほど高いという結果でした。また、2010年以降の平均稼働率を比べると、環境性能認証を取得したビルの稼働率の方が高かったという結果が出ています。

この結果から、環境性能認証を取得した物件はESGやSDGsを意識した事業者から選ばれやすくなり、テナントから高い賃料を得られていることがわかります。

不動産を総合的にグリーンビルディング化することで、景気の動向に左右されずに、安定的な支持を得ることが可能です。これは持続可能な社会経済の形成につながるもので、投資家たちの間でも、ESG投資に適した不動産に投資することで、長いスパンでの収益が見込めると予測しています。

ESG不動産投資の今後の動向

一方で、日本の機関投資家においては、不動産投資におけるESGの取り組みについて、十分に浸透しているとは言えない状態です。

2024年4月に一般社団法人不動産証券化協会が公表した「機関投資家の不動産投資に関するアンケート調査」では、不動産のESG投資について実施しているかどうかという質問に対して、実施していると回答した割合は年金基金では8.7%、一般機関投資家では36.4%でした。反対に、実施していない理由としては、「ESG投資の認知が広がっておらず、説明責任を果たせないため」で、年金基金が47.6%、一般機関投資家では28.6%という結果でした。ESGの取り組みは投資家の間で意識が進んでいない状況がわかります。

そもそも、国土交通省や環境省が不動産ESG投資について整備を始めた理由の一つが、不動産におけるESGへの取り組みの重要性を発信し、認知度を高めることにあります。

2019年8月に年金積立金管理運用独立行政法人（GPIF）が公表した「ESG活動報告」によると、環境性能が高い物件などを対象として投資するなど、ESGを考慮した運用が始まっています。金融資本市場への影響度が高いGPIFがESG不動産投資の取り組みを始めたことで、その他の運用機関の意識に影響を与え、認知度の向上、ひいてはESGを考慮した機関投資家の投資が今後広がることは必至です。

さらに、民間企業に視点を転じてみると、三井不動産株式会社は2030年度までに国内における全施設のZEB/ZEH化を目標に掲げています。住宅メーカーの大和ハウスグループは、2022年までに累計916棟のZEB実績があり、2030年までに原則ZEBを目指すとしています。

政府は建築物のZEB化を推進するために、今後も補助金などの支援制度を充実していくとみられ、建築物のZEB化は一層増加するでしょう。

また、J-REITもグリーンビルディングの運用に積極的であり、東急リアル・エステート投資法人はリフレッシュコーナーの設置など労働環境に配慮したビルや、節水、ヒートアイランド対策を実施したビルなどの運用を始めています。J-REITでは所有する不動産の環境性能認証取得に加え、ほぼ全ての会社がGRESBの認証を取得し、残りの数社も取得を予定しています。

こうした企業のグリーンビルディング化への動きは、海外投資家からの要望が大きく影響していると言えるでしょう。海外では「環境」だけの問題ではなく人類や社会の課題解決にも積極的となっており、不動産へのESG考慮は、既にスタンダードとなっています。グローバルな動向を見ると、日本における不動産ESG投資は今後拡大せざるを得ない状況です。

もはや、グリーンビルディングでなければ市場の競争に参加することすらできなくなりつつあり、今後その傾向はさらに顕著となるでしょう。

このように環境性能認証を取得する不動産は増えることが予想され、これに伴い不動産ESG市場は一気に拡大するでしょう。

ただ、2050年にはストック平均でZEB/ZEH基準が求められることを考えれば、「爆発的なブーム」となるというよりも、「必然性の向上」の方が正しいかもしれません。

　どちらにしても、所有する不動産価値の維持、事業活動の安定した継続、将来的な義務化に対応するためにも、環境性能認証の取得などESG対応を早急に進めることが重要です。

海外に追従して加速する日本の法規制

2024 年現在、不動産 ESG 投資に特化した法律の整備は進んでいるとは言えないのが現状です。促進に向けた法整備が期待されています。

不動産ESG投資をめぐる課題

日本において不動産ESG投資はまだ新しい分野です。国土交通省などが不動産ESG投資を促進する「ESG不動産投資のあり方検討会」「ESG投資を踏まえた不動産特定共同事業等検討会」などを設立していますが、具体的な法整備についてはほとんど進められていません。

その理由としては現状、環境に対する国民の意識がそれほど高くないことが挙げられます。

また、事業者側が不動産ESG投資について情報を発信していないことも問題の一つです。不動産ESG投資を行うことで、イニシャルコストがかかるものの、ランニングコストで回収できるとするデータが出ています。しかし、判断に値する十分なデータはまだ少なく、投資に慎重な企業が多いため、なかなか広まっていないのが現状です。

ESG投資では、投資対象の「持続可能性」を見て将来の収益を判断します。したがって、その不動産や所有する企業の情報開示が重要です。昨今では特に「S：社会的課題への対応」が注目されており、国土交通省が2021年に「不動産分野の社会的課題に対応するESG投資促進検討会」を立ち上げ、社会領域への対応を推進しています。

社会的課題の項目は、労働環境や少子高齢化、貧困、ジェンダー差別など、明確な数値での評価やガイドラインが追い付いていない分野がたくさんあります。不動産ESG投資の法整備には、こうした社会的課題の解決に向けた考え方の基準や法整備も同時に進める必要があるでしょう。

法整備が進まないことで考えられるデメリット

国連環境計画・金融イニシアティブ（UNEP FI）と国連グローバル・コンパクト（UNGC）は2006年、責任投資原則（PRI）と責任不動産投資（RPI）を提唱しました。

責任投資原則（PRI）とは、機関投資家の投資に向けた意思決定プロセスや株式の保有方針の決定に、投資先企業の財務状況に加えESG要素を反映させる考え方を示す原則です。ESGを取り込んだ投資の方針として「６つの原則」を定めています。

責任不動産投資（RPI）は、コフィ・アナン国連元事務総長が2006年に提唱した、ESGの課題を資産運用に組み込む考え方です。「10か条の責任不動産投資戦略」を掲げています。

この二つは、環境問題だけではなく社会的課題の重視、ESG課題への適切な情報開示の必要性を公表しています。

さらにUNEP FIは、対象の不動産や企業に対するポジティブ・ネガティブインパクトの分析・モニタリング・開示、SDGsへの貢献を総合的に評価・分析するためのツールとして、インパクトレーダーを公表しました。このツールを活用するための、インパクトの明確化や市場水準のサステナブルなリターンのポイントを明記したフレームワーク（GRI、SASBなど）も存在します。

図 10 インパクトレーダー

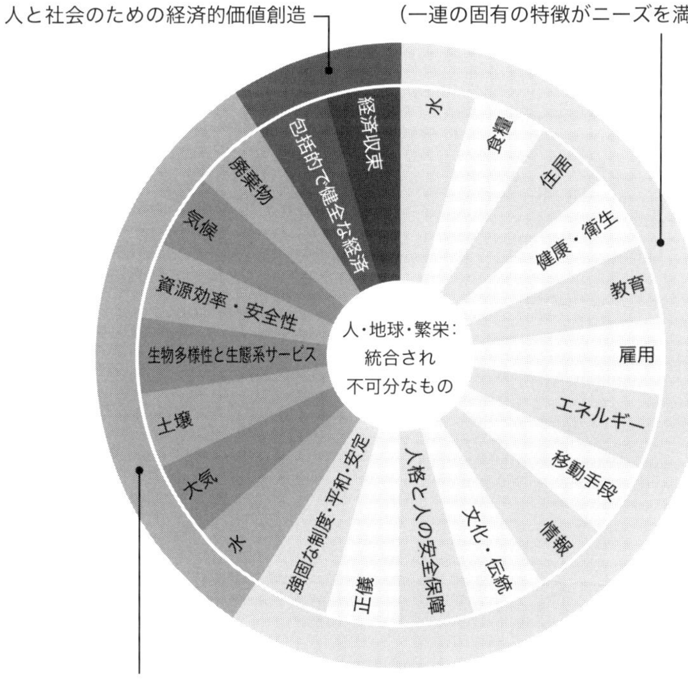

- 企業活動のインパクトをマッピングするためのツール
- インパクトレーダーを活用する「ポジティブ・インパクト不動産投資フレームワーク」では、インパクトの明確化、市場水準のサステナブルなリターンなどのポイントが提示されている。

出典：国土交通省 「ESG不動産投資のあり方検討会 中間とりまとめ（資料編）」
（https://www.mlit.go.jp/common/001296854.pdf）を加工して作成
※THE IMPACT RADAR、UNEP FI、「ポジティブ・インパクト金融原則」（日本語版）
「ポジティブ・インパクト不動産投資フレームワーク」（日本語版）をもとに作成

図11 開示フレームワーク

【GRI（Global Reporting Initiative）】

概要	環境に責任を持つ経済のための連合（CERES（セリーズ）:Coalition for Environmentally Responsible Economies）と国連環境計画の主導により設立された、サステナビリティに関する国際基準の策定を行う非営利団体。 サステナビリティ報告書についてのガイドラインであるGRIガイドラインを公表し、国際的な投資を受ける企業等を中心に、世界的に広く普及。 「非財務情報・多様性情報の開示に関する指令」に準拠するフレームワークとして参照されている。
特徴	企業が、経済、社会、環境に与えるインパクトを公表する際のベストプラクティスを提示するための規準として策定。 企業が、マテリアリティを自ら設定し、マネジメント手法や評価手法とともに開示を行う。 マルチステークホルダーによる利用を想定。
最近の動向	2013年:GRIガイドライン第4版発行（G4ガイドライン） 2016年:GRIスタンダード2016発行 2018年:GRIガイドラインからGRIスタンダードに移行
不動産業界との関係	GRI-G4の建設・不動産セクター開示項目（Construction and Real Estate-Sector Disclosures）が参考になる。 建設・不動産セクターに該当する企業は、一般向けのGRIスタンダードを参考にするとともに、このセクター開示項目なども参照してマテリアリティを特定して開示することが期待されている。

【SASB（Sustainability Accounting Standard Board）】

概要	アメリカのサンフランシスコを拠点として設立された民間団体。 米国に上場している企業が、法律に従ってサステナビリティ情報を開示する際に、任意の形で使用される基準として策定。
特徴	業種ごとに一般的なマテリアリティを予め定め、最低限開示すべき情報を絞り込んでいる。 直接的には、米国証券取引委員会（SEC）に財務報告書類の提出義務を負う上場企業が想定されており、開示情報の利用者としては投資家が想定されている。
不動産業界との関係	不動産に関しては、「サステナブル会計基準:不動産」が刊行されており、エネルギー効率、水利用効率、テナントとの協働、気候変動への適応といった項目が不動産に関する主要な課題として設定されており、それぞれの項目についてKPIが定められている。

※GRIウェブサイト、SASBウェブサイトをもとに作成

〈日本では欧米と比較してフレームワークに沿った開示が少ない〉

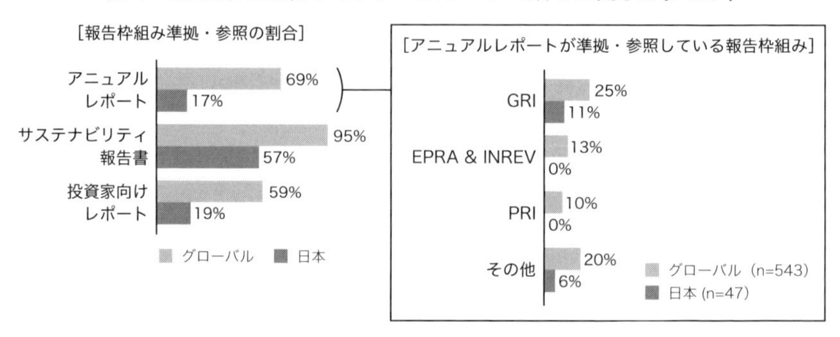

出典：国土交通省　「ESG不動産投資のあり方検討会　中間とりまとめ（資料編）」
（https://www.mlit.go.jp/common/001296854.pdf）を加工して作成
※平成30年度セミナー「不動産におけるサステナビリティとESG投資－GRESB評価結果発表とESGの今後の潮流」資料をもとに作成

しかし国内において、このフレームワークに沿った開示はまだ少なく、世界的基準に間に合っていないのが現状です。他国と比較した場合、日本のESG不動産の競争力や信頼の低下が懸念されています。

このように、ESG開示は企業による自主的な対応に任されているのが現状ですが、このESG開示に誤りが含まれた場合には法的責任の発生が考えられます。金商法では、有価証券報告書などの法定開示書類に虚偽記載があった場合の責任を規定していますが（金商法21条の2、24条の4など）、ESGに関する情報は中長期的な将来に関する情報を含むため、結果として過去に予想した将来像と異なるという問題が生じます。

こうした将来情報の特性を踏まえ、金融庁は「一般に合理的と考えられる範囲で具体的な説明がされていた場合、提出後に事情が変化したことをもって虚偽記載の責任が問われるものではないと考えられる」との見解を明らかにしています。さらに金融庁のDWG（金融審議会：ディスクロージャーワーキング・グループ）報告書では、こうした将来の予想に沿った結果とならなかった場合に法的責任に問われることが、開示姿勢への萎縮につながることは好ましくないとしています。

このまま不動産の社会的インパクトを評価するための基準や情報開示のあり方などの法整備が進まない場合、投資家は不透明な情報に基づいて判断しなければならず、大きなリスク要因となります。ESG投資市場が縮小してしまえば、中長期のリターンも望めなくなるでしょう。

法整備が進まない日本の事情

法整備が進まない理由として、各企業・ファンドにおけるESG対応が及ぼす環境・社会への影響について、実例の蓄積がまだ少なく調査研究が進まないということがあります。

情報開示についても、社会的課題への対応や効果は数値化しにくく、定性的な開示にならざるを得ません。日本においてESG情報開示の基準は統一されておらず、TCFDやSASB、GRI、IIRCなどの国際的枠組みの中から任意で選び報告することが推奨されていますが、これらの枠組みもやはり、統一された採点法ではありません。このため企業同士を比較することが難しく、まだまだ世界で通用するレベルには至っていないのです。

環境・社会的課題のような非財務情報には、財務情報だけでは把握できない有効な視点が存在し、中長期のパフォーマンスの評価には重要な情報であることも確かです。

国土交通省では、市場の外部性を内部化するための情報開示の標準化などといった必要な手立てや、必要に応じて税・補助スキームや公的融資などによる支援の検討を発表しています。いずれも、安定的に投資家を呼び込むために必要な取り組みです。

また、国際サステナビリティ基準審議会（ISSB）は2023年6月、サステナビリティ開示の世界的なベースラインの基準を開発し、投資家の情報ニーズを満たし、企業の包括的な持続可能性情報の資本市場への提供を可能とするために、サステナビリティ基準（サステナビリティに関する情報の開示基準）の最終版を公表しました。

具体的な開示項目では、例えば気候変動については、「スコープ3（サプライチェーンからの温室効果ガス排出）」やCO2の排出に価格を付ける「社内炭素価格」、「カーボンクレジット」の利用計画などが示されています。

日本でもこのISSBを基にサステナビリティ基準委員会（SSBJ）が日本版の基準を策定します。2024年3月までに草案を公開、2025年3月までに確定させる予定です。

評価基準の設定や情報開示の義務・標準化など、早急な法整備が求められています。

海外の投資市場と取得義務化を見据えた大手企業の推進

一方で、海外の投資市場を見据えた民間企業では、海外の法律に則った不動産ESG投資の対策が進められています。

例えばイギリスでは、2015年に制定された「民間賃貸不動産法」があり、「EPC (Energy Performance Certificate)」という、日本でいうBELSのような省エネ認証を取得して、一定以上のランクが取得できなければ賃貸禁止、省エネ改修完了まで賃貸できないという法律があります。
アメリカのニューヨークでは、2005年から始まった「グリーンビルディング法」があり、市が関連する建築コストが200万ドル以上の建築物は、LEED認証の取得が必須です。

これまでの日本における環境に関する法律の多くは、海外の動向を見て制定されています。海外の法律に沿った内容となる可能性が高く、早めの対策が得策です。
現在、環境性能認証の取得は任意であり、取得を支援する補助金が存在します。しかし、取得が義務化されれば、補助金による支援がなくなる可能性は高いでしょう。
補助金が活用できるうちに計画的に取得を進めることで、他の企業より一歩リードできるだけでなく、いざ法改正があった際にも慌てなくてすみます。
既に動き始めている企業もあります。住友不動産株式会社は、2024年に「住友不動産六本木グランドタワー」「住友不動産大崎ガーデンタワー」「住友不動産新宿ガーデンタワー」「住友不動産飯田橋ファーストビル」「住友不動産芝公園ファーストビル」という5棟の既存大型ビルで、BELSの5つ星及びZEB Orientedを取得しています。
これまで、大規模物件のBELS取得は計算費用の観点から難しい面がありましたが、今後は大規模物件のBELS取得が加速していく可能性があります。

Environment | Social | Governance

第 1 章

なぜ「環境性能認証」が求められるのか？

1-1 | Environment | Social | Governance |

企業の価値はESG評価で決まる

ESG 評価は企業の評判や顧客からの信頼に影響するだけではなく、投資家や金融機関による投資判断の材料としても活用されます。

ESG情報開示と評価

ESG評価とは、社会的・環境的に配慮したESGへの企業の取り組みを、第三者機関によって評価することで算出される指標です。

財務的な要素に加えて、非財務的な要素であるESG（環境、社会、ガバナンス）を考慮するESG投資家は、この評価を参考に、各企業のESGに対する取り組みを比較し、企業価値を把握します（32ページの図11）。

図 12 ESGの構成要素

環 境

環境課題への取り組み
Environment

・気候変動の対策
・温室効果ガス（二酸化炭素）排出量の削減
・産業廃棄物や公害を出さない
・再生可能エネルギーの利用
・森林破壊の抑制
・生物多様性の尊重

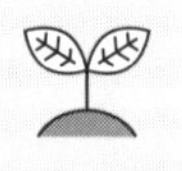

社 会

社会課題への取り組み
Social

・労働条件の適正化
・機会均等の遵守
・人権の保護
・多様性（ダイバーシティ）を促進する
・安全・衛生的な職場環境の整備
・児童労働・奴隷制度の反対

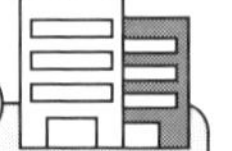

ガバナンス

企業統治への取り組み
Governance

・コンプライアンス（法令遵守）
・企業倫理の遵守
・取締役会の多様性と構成の適正化
・透明性、公平性のための情報開示
・情報漏洩対策

日本においてもESG評価への取り組みは加速しており、東京証券取引所ではプライム市場上場企業にTCFDに基づく開示（TCFD：気候関連財務情報開示タスクフォース）の作成を義務化しました。また、2025年以降には温室効果ガス排出量のScope3など一定の開示義務化に向けた議論が進められています。

例えば、グローバルに事業を展開する日用品、飲食料品メーカーのA社では、「サステナブルな生活を当たり前にする」という企業理念のもと、長期的な成長と持続的な企業価値の創造を目指し、サステナビリティが成長に貢献するという信念から、全事業において①健康と福祉の向上②環境負荷の削減③関係者の生活向上という三つの目標と実践計画を含んだサステナビリティ・プランを作成・開示しています。

また、電気機器を提供・販売しており、大規模なサプライチェーンをグローバルにするB社では、サプライヤーが行っている教育プログラムや人権に関する取り組み、気候変動対策などを定期的に調査し、改善が必要な場合は当該サプライヤーと協力して改善を進めており、この取り組みに関する情報を毎年サプライチェーン責任に関する報告書を通じて開示しています。

戦略的なESG情報開示で高める企業価値

企業のステークホルダーに向けたESG情報開示は、ESG評価の指針となります。このため、企業価値の向上と企業成長につなげるESGへの取り組みが必要であり、企業戦略とESG課題の関係を明確にすることが重要です。

日本取引所グループ（東京証券取引所）では、「ESG情報開示実践ハンドブック」を発行し、ESG情報開示に向けた4つのステップによる進め方を推奨しています。（図12）

このステップでは、ESGの取り組みをどのように企業戦略に落とし込むかに重点が置かれており、一般的なESGへの取り組みの開示ではなく、自社の企業理念や戦略からESG指標を選定し、目標を設定する旨を求めています。

図 13 ESG 情報開示への 4 ステップ

Step 1
ESG 課題と ESG 投資

1-1 ESG課題とESG投資を理解する
- ESGと企業価値
- ESG課題
- ESG投資の拡大
- ESG投資と投資家の受託者責任
- 多様な投資家
- 投資家からのESG情報開示要請
- ESGとコーポレートガバナンス・コード
- ESG課題と企業活動

Step 2
企業の戦略と ESG 課題の関係

2-1 企業の戦略への影響を考える

2-2 マテリアリティ(重要課題)を特定する
- ESG情報におけるマテリアリティ
- マテリアリティ特定の意義
- マテリアリティ候補リストの作成
- ESG課題の重要度の評価
- 戦略への組込み

Step 3
監督と執行

3-1 意思決定プロセスに組み込む
- 組織トップのコミットメント
- ガバナンス

3-2 指標と目標値を設定する
- 指標の設定
- 目標値の設定
- PDCAの実施

Step 4
情報開示とエンゲージメント

4-1 開示内容の整理
- ESG課題と企業価値の関係
- 投資家の情報源

4-2 既存の枠組みの利用
- 情報開示の枠組み

4-3 情報提供時の留意点
- 情報を開示する媒体
- 英語での開示
- ESGデータの保証

4-4 投資家との双方向のエンゲージメント
- 目的を持った対話
- 多様なエンゲージメントへの対応

出典：日本取引所グループ、東京証券取引所「ESG 情報開示実践ハンドブック（本編)」（https://www.jpx.co.jp/corporate/sustainability/esg-investment/handbook/nlsgeu000004n8p1-att/handbook.pdf）を加工して作成
※ WFE（2018）"WFE ESG Revised Metrics June 2018" をもとに日本語訳作成

図14 WFEのESG指標

環境(E)	社会(S)	ガバナンス(G)
• 温室効果ガス排出量 • 排出原単位 • エネルギー使用量 • エネルギー原単位 • エネルギーミックス • 水使用量 • 環境関連事業 • 環境リスク管理体制 • 気候リスク軽減に対する投資	• CEOと従業員の報酬差 • 男女の報酬差 • 人材流入・流出の状況 • 従業員の男女割合 • 派遣社員割合 • 反差別に関する方針 • 負傷率 • 労働安全衛生方針 • 児童労働・強制労働に関する方針 • 人権に関する方針	• 取締役会のダイバーシティ • 取締役会の独立性 • 報酬とサステナビリティの紐付け • 団体交渉の状況 • サプライヤー行動規範の有無 • 倫理と腐敗防止に関する方針 • データプライバシーに関する方針 • サステナビリティ報告 • サステナビリティ関連開示 • 外部保証の有無

出典：日本取引所グループ、東京証券取引所「ESG情報開示実践ハンドブック（本編）」（https://www.jpx.co.jp/corporate/sustainability/esg-investment/handbook/nlsgeu000004n8p1-att/handbook.pdf）を加工して作成
※ WFE（2018）"WFE ESG Revised Metrics June 2018"をもとに日本語訳作成

日本のESG情報開示の動向と今後

昨今J-REITにおけるESG情報開示は目覚ましく進展しています。2020年9月の調べでは、J-REITの8割以上がESGやサステナビリティに関して方針を開示しています。2018年時点と比べると開示している企業は全体の5割だったため3割以上の増加です。

ESGへの取り組みを定期的に報告する「ESGレポート」を発行するJ-REITもあります。GRESBの評価取得参加数も9割を超えています。

これらのESG情報開示が進んでいる理由として、海外の投資家からの強い開示要請があります。海外ではESGへの取り組みは中長期的な企業価値を測る指針となっており、J-REITに投資する海外投資家も多いことから、不動産ESG投資の増加に伴い、開示の要請が増えたと見るのが適当かと思われます。設定したESG課題への組織として取り組みの状況と、取り組みによって得られた効果や浮上した課題などの情報も、投資家が中

長期的な視点で企業価値を評価するうえで重要です。

不動産投資は中長期運用がベースとなっているため、環境性能認証の取得など環境への配慮や社会課題の解決への取り組みなどを可視化しやすい不動産はESGとの親和性が高く、今後もESG投資の拡大に伴いESG情報開示に向けた動きは増大すると思われます。

投資家は、その企業が事業を通してどのようにESGへの課題解決に取り組み、持続可能な利益を社会にもたらすかを見ています。この企業価値を判断する指標がESG評価です。ESG評価が得られない場合は、市場から淘汰されかねません。

不動産の環境性能認証の取得と開示は、不動産ESG投資家へのアピールであり、環境性能認証の種類によっては不動産の収益性にどのようなインパクトを与えるのか、投資家にどのようなメリットを与えることができるのかなどのアピールも可能です。

今後、企業のESGへの取り組みの情報開示はますます求められます。不動産のグリーンビルディング化と環境性能認証の取得はもはや必須と言えます。

1-2 | Environment | Social | Governance |

ESG評価の中でも重要視される不動産ESG

各企業はサステナビリティとして環境目標を設定していますが、達成するためには不動産ESGが数字として示しやすく、高評価に貢献します。

定量的な目標を立てやすい「E(環境への配慮)」

ESGの中で、最も定量的な目標を立てやすく、投資家や市場から評価を得やすい指標は「E(環境への配慮)」ではないでしょうか。ESGの取り組みを開示している企業を見ても、ほとんどが「E」の取り組みを中心に開示しています。

例えば、J-REITの一つである日本ビルファンド投資法人では、ESGに関する取り組み指針として、環境負荷の低減と気候関連課題への対応を挙げ、「省エネルギーとGHG排出削減の推進」「水環境の保全及び省資源・廃棄物リサイクル率の向上」など気候関連課題に向けた取り組みを公表しています。

日本都市ファンド投資法人では、サステナビリティの大きな目標として、2030年までにScope1+2の総排出量を42%削減（2020年対比）、2050年までにバリューチェーン全体のGHG総排出量のネットゼロを目指すといったEへの取り組みを前面に押し出しています。

また、大手コンビニエンスストアのミニストップ株式会社では、環境課題への取り組みとして「脱炭素社会の実現」「生物多様性の保全」「資源循環の促進」をホームページで開示しています。ミニストップでは、脱炭素社会の実現の一つとして、温室効果ガス（GHG）マネジメントが挙げられていますが、1店舗当たりの年間電力使用量やCO2排出量などがグラフで開示されています。また、ミニストップではその実現のために環境性能認証の取得を行っており、2017年には100店舗において一斉にZEB Ready以上を取得しています。

このように、数値として示すなど客観的に見てわかりやすい認証や評価で開示できることは、不動産ESGのメリットの一つと言えるでしょう。

多くの人の理解を得やすい不動産ESG

不動産ESGのメリットに、キャッシュフローの改善や強化、ブランディング強化があります。

省エネ性能の向上や再生可能エネルギーを導入することで、光熱費が抑えられます。また、環境性能認証の取得による環境不動産としてのブランド価値の向上にも寄与します。自社のSDGsやESGへの取り組みをアピールしたい企業の入居が増えることで、さらに不動産価値の向上が期待できます。

また、省エネ性能を高めることで享受できる意外な効果が「生産性」です。

優れた建築物は断熱性能が高く、室温を一定に保ちやすいため、快適な空間が作られ、室内で働く人の生産性が上がると言われています。

2023年12月、株式会社NTTファシリティーズとデロイト トーマツ コンサルティング合同会社は共同で、省エネ建築物の新築・改修による副次的効果である「Non-Energy Benefits（NEBs ネブズ）」を総合的に定量評価する指標を開発しました。

同企業が2024年1月にZEB認証オフィス3棟でのこの指標を用いた検証を実施したところ、オフィスで働く人の健康増進や知的生産性向上、離職率低下などの効果が確認されたとしています。

こうした指標が開発されスタンダード化が進むことで、エネルギー削減効果だけではなく、オフィス環境の向上による従業員の健康増進・知的生産性の向上など副次的な効果を含めた、省エネ建築物導入の経営判断や投資判断が可能となります。

環境性能向上による利用者への効果の定量化が、不動産ESG投資の推進に貢献することは間違いなく、今後の展開と推進に期待が集まっています。

図15 NEBs評価指標の定義

項番	評価指標	効果	算定式
1	健康増進	オフィス環境の改善により、利用者が精神的・身体的に健康になり、体調不良によるパフォーマンスの低下や欠勤が減少する	プレゼンティーズム・アブセンティーズム損失減少額×該当施設で勤務する従業員数
2	知的生産性の向上	オフィス環境が改善されることにより、利用者の知的生産性が向上することで、労働時間が削減される	{改修前拠点全体での労働時間－(改修前拠点全体での労働時間÷改修後に想定される生産性向上率)}×影響人数割合×時間外労働単価
3	メンテナンス費削減	ダウンサイジングや省エネ運転により、機器の運転時間が削減されることで交換回数が減り、メンテナンス費が削減される	空調メンテナンス費削減額＋照明メンテナンス費削減額－太陽光発電設備メンテナンス費
4	内外装の美観向上	省エネ改修により、建物のエントランス等が整備され、外観・内装がより美しくなる	(定量化詳細検討予定)
5	炭素税等の軽減	省エネ・創エネにより、炭素税の課税対象となるCO2排出量が削減され、課税等の負担が減少する	エネルギー使用削減量×CO2排出原単位×炭素価格
6	環境認証・格付の取得	省エネ改修により環境認証が取得でき、不動産価値向上につながる	(定量化詳細検討予定)
7	BCP/リスク回避	創エネの導入によるレジリエンス性の向上により、災害や法規制強化等によるリスクが回避・低減され、営業利益の逸失を回避できる	停電による営業停止回避時間×時間当たりの損失額
8	離職率低下	オフィス環境の改善により、ワークエンゲージメントが向上し、従業員の離職率が低下する	一人当たりの中途採用費×省エネ改修に伴う離職率低下
9	社内啓発	利用者への環境に関する啓発効果が得られる	(定量化詳細検討予定)
10	資金調達	サステナビリティ関連の金融商品を利用することができ、低金利での資金調達が可能になる	(定量化詳細検討予定)
11	広告宣伝	建物の先進性がメディアに取り上げられることで、環境への配慮やウェルビーイングの観点から評判が向上する	報道記事数×一記事あたりの掲載価格
12	不動産価値の向上	生産性向上によるオフィス価値の向上や、各種認証取得による建物自体の価値の向上により、賃料や売買時の不動産価格が向上する	再調達原価価格差×面積

出典：(株) NTTファシリティーズ、デロイト トーマツ コンサルティング（同）
プレスリリース2023年12月11日 https://www.ntt-f.co.jp/news/2023/20231211.html

1-3 | Environment | Social | Governance |

京都議定書・パリ協定からつながる不動産ESGの歴史とは？

地球温暖化対策は、現代社会の最重要課題の一つです。不動産はESG推進と密接な関係にあるとされ、その歴史は京都議定書に始まります。

京都議定書から責任投資原則の提唱へ

環境に配慮した不動産の推進は、1997年に「気候変動に関する国際連合枠組条約の第3回締結国会議（COP3）」で採択された「京都議定書」に始まります。京都議定書は、先進国に温室効果ガス排出量の削減義務を課した歴史的な条約です。

日本には、京都議定書の第一約束期間（2008～2012年）の温室効果ガス排出量を、1990年比で6%削減することが求められました。

国連は、2006年にアナン元事務総長のもと「責任投資原則（PRI）」を提唱。これは、気候変動による環境破壊のリスクが高まる中で、投資家に企業活動への影響力と責任の自覚を求めたものです。

これを受けて2007年には、UNEP FI不動産ワーキンググループ（PWG）が、責任投資原則を不動産投資に適用する考え方として「責任不動産投資（RPI）」を策定。不動産の建設・運営・補修そして解体に至るライフサイクル全体においてサステナビリティを追求しようとするもので、「通常の金融上の目標に加えて、環境・社会・ガバナンスへ配慮するアプローチであり、最低限の法律上の要請を超えて、不動産環境的・社会的なパフォーマンスを改善するもの」と説明されています。

UNEP FI不動産ワーキンググループ（PWG）共同議長のポール・マクナマラ－氏は「この業界では、新築または既存の建築物の環境負荷改善に対する前向きな取り組みの欠如をめぐり、投資家、入居者、建設業者、開発業者が互いに、他者に責任を擦り付けあっている」と指摘しており、さらに「責任ある投資家は、不動産業界の環境負荷対策の遅れを特徴づけていたこの「責任の堂々巡り」を打破するうえで重要な役割を果たすことができる」としています。

環境不動産への投資は、企業の地球温暖化対策と温室効果ガス排出量削減に向けたパフォーマンスを促し、より高い社会的責任を果たすものです。この考えが現在の不動産ESG投資への基礎となっています。

図16 責任の堂々巡り

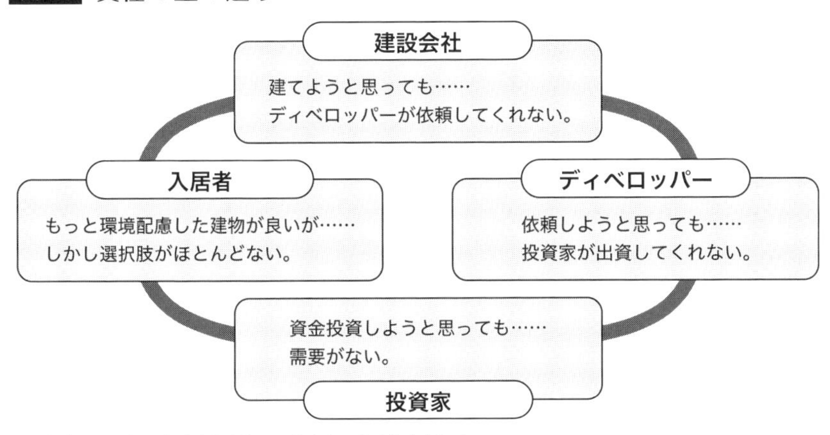

出典：国土交通省「建築産業・不動産業：基本的な考え方」（https://www.mlit.go.jp/totikensangyo/totikensangyo_tk5_000148.html）を加工して作成

図17 PRI（責任投資原則）

PRI（責任投資原則）とは、投資家の責任ある投資を推進するための行動指針・原則

環 境

Environment

社 会

Social

ガバナンス

Governance

PRIの6つの原則

〈PRIに書名した投資家には、以下の原則を守ることが求められる〉

- **原則1** 投資分析と意思決定のプロセスにESG課題を組み込む
- **原則2** 活動的な所有者となり所有方針・所有習慣にESG課題を組み込む
- **原則3** 投資対象の主体に対してESG課題の適切な開示を求める
- **原則4** 資産運用業界に原則の受け入れと実行の働きかけをおこなう
- **原則5** 原則を実行するときの効果を高めるために協働する
- **原則6** 原則の実行に関する活動状況や進捗（しんちょく）状況を報告する

出典：朝日新聞SDGs ACTION！（https://www.asahi.com/sdgs/article/14826984）を加工して作成

パリ協定による日本への影響

2015年9月、SDGsが国連サミットで採択され、12月はパリ協定が締結されました。パリ協定では、全ての締約国に温室効果ガス排出量削減目標の策定と努力義務を課しています。日本においては、2030年までに2013年度比46%削減（条件付きで50%削減）が目標です。

さらに2017年、金融安定理事会が設置したTCFD（気候関連財務情報開示タスクフォース）では、企業などに対し気候変動がもたらすリスクと機会における財務的影響の把握・開示を提言しています。

日本においては、2015年に国土交通省が建築物のエネルギー消費量を削減することを目的とした建築物省エネ法（建築物のエネルギー消費性能の向上に関する法律）を制定。不動産業者などに「建築物の省エネ性能を表示」が努力義務として求められることになりました。

2020年の臨時国会では、菅元総理が「2050年までにカーボンニュートラルの実現を目指す」ことに言及。この目標に向け、省エネ基準適合義務化などの法整備が進められています。

図18 ESG関連年表

時期		投資(全般)、ファイナンス関係
1997年	12月	京都議定書締結(CO2削減目標)
2006年	4月	責任投資原則(PRI)発表(NYSEで詳細発表)
2006年	4月	責任不動産投資(RPI)策定
2008年	9月	リーマンショックによる金融危機
2009年	9月	GRESB (Global Real Estate Sustainability Benchmark)創設
2012年	6月	UNEP FI「特続可能な保険原則(PSI)」策定、公表
2014年	2月	日本版スチュワードシップ・コード策定
2015年	6月	日本版コーポレートガバナンス・コード策定
2015年	9月	SDGs(持続可能な開発のための2030アジェンダ) 国連サミットで採択　GPIFがPRIに署名
2015年	12月	パリ協定締結
2017年	6月	TCFD(気候関連財務情報開示タスクフォース)最終報告書を公表
2018年	11月	UNEP FIポジティブ・インパクト不動産投資フレームワーク
2019年	9月	責任銀行原則(PRB)UNEP FIが提唱

図19 10か条の責任不動産投資戦略

1. 省エネルギー（省エネルギーのための設備改良、グリーン発電およびグリーン電力購入、エネルギー効率の高い建物など）
2. 環境保護（節水、固形廃棄物のリサイクル、生息地保護など）
3. 自発的認証制度（グリーンビルディング認証、認証を受けた持続可能な木材による仕上げなど）
4. 歩行に適した都市整備（公共交通指向型都市開発、歩行に適したコミュニティ、複合用途開発など）
5. 都市再生と不動産の利用変化への柔軟性（未利用地開発、柔軟に変更可能なインテリア、汚染土壌地の再開発など）
6. 安全衛生（敷地内の保安、自然災害の防止策、救急対応の備えなど）
7. 労働者福祉（構内託児所、広場、室内環境のクオリティー、バリアフリーデザインなど）
8. 企業市民（法規の遵守、持続可能性の開示と報告、社外取締役の任命、国連責任投資原則のような任意規約の採択、ステークホルダーとの関わりなど）
9. 社会的公正性とコミュニティ開発（低所得者向け住宅供給、コミュニティの雇用研修プログラム、公正な労働慣行など）
10. 地域市民としての活動（質の高いデザイン、近隣への影響の極小化、地域に配慮した建設プロセス、コミュニティ福祉、歴史的な場所の保護、不当な影響の排除など）

出典：国土交通省「建設産業・不動産業：基本的な考え方」（https://www.mlit.go.jp/totikensangyo/totikensangyo_tk5_000148.html）を加工して作成

日本における環境不動産に向けた法整備と今後の展開

菅元総理による提言は、日本が海外の脱炭素化への動きに取り残されていることへの危機感の現れであると同時に、気候変動対策を新たな日本の成長産業として推進したい考えがあったものと見られています。

実際、多くの自治体でESG投資を見込んだ事業が始まっています。

今後はさらに、ESG経営や環境性能認証の省エネ計算対応などのガイドラインの策定や人材教育の取り組み強化が進められるものと考えられます。不動産ESGのノウハウの蓄積や積極的な情報開示がさらに重要となるでしょう。

法整備においても、段階的な規制が考えられます。

例えば、2024年4月に始まった「省エネ性能表示制度」では、建築物を販売・賃貸する事業者に「省エネ性能ラベル」の表示が努力義務とされました。この法律自体は2016年3月に「建築物のエネルギー消費性能の表示に関する指針」として公布されてあったものですが、より具体化及び強化された形となります。

2024年の省エネ性能表示制度では、事業者の取り組み状況が他の事業者の表示意欲の阻害につながると認められる場合や、制度全体の信頼性を揺るがす場合の勧告といった記載もあります。より具体的に言うと、住宅を多く供給する事業者が、表示できる状況にあるのに相当数の表示を行っていない場合や、規定の表示とはかけ離れた表示を行って、消費者などに多くの混乱を与えた場合などが想定されているようです。極めて稀なケースですが、今後対象範囲の拡大は十分に考えられます。

このように、2050年にストック平均でZEB/ZEH基準を実現させるため、法改正が進められています。混乱や損失を避けるための移行期間の設定が考えられますが、早めに対策をしておくのが得策と言えるでしょう。

1-4 | Environment | Social | Governance |

日本のグリーンビルディング化は世界に比べて遅れている

世界で加速するグリーンビルディング化ですが、日本での普及率は低い状況です。理由として認知度の低さや初期費用などの課題があります。

グリーンビルへの関心度

ジョーンズ ラング ラサール株式会社が行った2021年9月の調査によると、日本を含めた426のグローバル企業と221の投資家のうち79%が「二酸化炭素排出量の削減に役立つビルを入居先として優先する」と回答しました。

日本でのグリーンビル認証物件へのオフィス入居を希望するとの回答は50%以上です。日本におけるグリーンビルへの関心は年々高まってはいますが、それでも未だ半数です。

2024年2月、グローバル都市不動産研究所が全国の投資用不動産保有者400人にアンケートを行った結果では、「ESGという言葉を聞いたことがあるか」の問いに、聞いたことが「ある」は44%でした。不動産ESGの存在について「知っていた」は31.5%、不動産のESG投資の重要度について重要だと「思う」は30%、「どちらかと言えば重要」は50.5%でした。

重要だと感じている投資家は80%を超えていますが、認知度としてはグリーンビルディング化の重要性が浸透しているとは言えないのが現状です。

ただ、ESG対応物件の価格上乗せ許容率が80.2%と4年連続増加しているのも事実で、今後の不動産投資でESGを「必ず意識する」が25%と過去最多となりました。現在、不動産投資や投資物件を購入する多くは海外の投資家ですが、賃貸価格や売買価格の差が数字となって現れてくると日本も追随するものと予想できます。

なぜ日本は世界に遅れをとってしまったのか

ESGへの取り組みの主導は欧州です。環境問題と経済成長のバランスにいち早く問題提起をして、様々なルールを提唱してきました。これらの提唱や宣言におけるスタンダードの作成は、政府ではなくグローバル企業や経営者たちによるものです。ここが、日本と欧州の大きな違いだと言えるでしょう。

欧州では専門知識を持つ企業や経営者が問題を把握してルールを作り、これを政府が吸い上げ、法制化する流れは、企業にとってはこれまで経営の中で行ってきた取り組みのため大きな負担感はありません。むしろ、企業において有利な条件で進めることが可能です。したがって、ESG経営も自然な流れでスタンダード化しました。

しかし、日本企業の多くは国が法律化してから動くという考え方のため、国が動かない限り企業が率先して取り組むことはありませんでした。こうしたことから、現在もSDGsやESGが欧州のリードとなっており、場合によっては日本が不利な立場とされてしまう懸念もあります。

グリーンビルを証明する環境性能認証

対象の不動産がグリーンビルとして認証されるためには、省エネ計算をはじめとした環境性能の調査を行い、第三者機関による認証や評価をされる必要があります。主要なグリーンビルディング認証（環境性能認証）には、「BELS」の他、「LEED認証」や「BREEAM認証」、「CASBEE評価認証」などがあります。

LEED認証は、米国発祥のグリーンビルディング認証制度です。2023年6月時点でLEED認証を取得しているプロジェクトは有効期限内のものだけで世界で20,307件あります。国別に見ると制度発祥地であるアメリカが11,061件と圧倒的に多く、日本は86件で20番目です。国内プロジェクトの認証レベルはゴールドが最も多く、最高位のプラチナはまだまだ少ない状況です。

BREEAM認証は英国発祥のグリーンビルディング認証制度です。2023

年6月時点で、認証が有効な建築物などは世界93か国で34,245件です。普及は欧州に集中しており、日本の認証物件は物流施設7件のみという結果が出ています。

CASBEE評価認証は日本発祥の環境性能認証制度です。初期開発以降、派生した多くの評価ツールが開発され、それらを総称して「CASBEEファミリー」と呼ばれています。2023年6月末時点でCASBEE評価認証を取得しているプロジェクトは、有効期限が切れたものを含めて累計2,324件です。

世界と比較して国内の環境性能認証の取得件数は少ないのが現状です。しかし、近年は、CASBEE-建築、CASBEE-不動産の取得が増加しています。特に2017年からの増加は顕著で、その理由として2015年9月の国連サミットで採択されたSDGsの「13.気候変動に具体的な対策を」があると言われています。また、2015年の国土交通省による建築物省エネ法で省エネ性能の表示を努力義務となるなど、法整備が取得件数に大きな影響を与えたと言えるでしょう。

図20 世界におけるLEED認証件数(2024年5月)

国	認証件数	国	認証件数	国	認証件数
アメリカ合衆国	85,540	アラブ首長国連邦	648	ポーランド共和国	287
中華人民共和国	6,887	ドイツ連邦共和国	640	コロンビア共和国	284
カナダ	2,160	トルコ共和国	614	タイ王国	274
インド	1,773	スウェーデン王国	426	アイルランド	273
サウジアラビア王国	1,195	香港	418	日本	271
ブラジル連邦共和国	982	大韓民国	402	その他	4,189
スペイン王国	878	フィンランド共和国	372	合計	110,594
イタリア共和国	746	台湾	312		
メキシコ合衆国	729	チリ共和国	288		

出典：GREEN BUILDING JAPAN「グラフで見るLEEDとWELLの今」2024年5月28日公開資料（https://www.gbj.or.jp/leed-well-report-202405/）を加工して作成

図21 世界におけるWELL認証件数

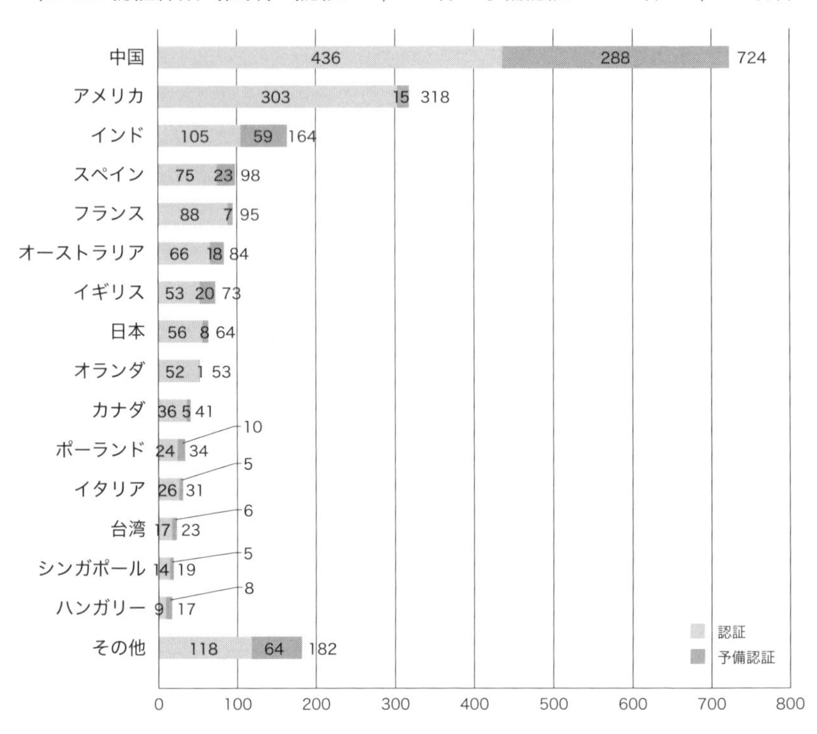

出典：GREEN BUILDING JAPAN「グラフで見るLEEDとWELLの今」2024年5月28日公開資料（https://www.gbj.or.jp/leed-well-report-202405/）を加工して作成

グリーンビル化に立ちはだかるコストの問題

日本の環境配慮や省エネ政策は、工業地帯による公害が社会問題となった1970年代から始まり、地球温暖化対策は京都議定書からは世界中の解決すべき課題となっています。それでもなかなか、国内でグリーンビル化が進まない理由の一つに、コストの問題があります。

日本が2050年にカーボンニュートラルを実現するためには、2030年度時点で再生可能エネルギーの割合を36%以上にする必要があると言われています。この目標の達成を目指し、不動産においてはCO2排出量の削減に向けたZEB/ZEHが推奨されていますが、例えば太陽光パネルを設置する場合でもコストがかかります。エネルギー効率の性能が上がり、光熱費などのランニングコストが抑えられるとしても、導入に必要な費用は決して小さいとは言えず、それが規模の大きい不動産となれば費用はさらに膨れ上がります。

また、環境性能認証の存在自体の認知が広まらなかったことも原因です。明確にメリットがあるというデータが少なかったために、各事業者が環境性能認証の有用性を積極的に広められなかったのです。その影響もあって、不動産ESG投資市場は伸び悩みました。需要がないことで、環境性能認証の取得に必要な省エネ計算ができる人材が育たなかったという背景も考えられます。

しかし今後は、省エネ基準適合義務の範囲拡大や省エネ性能表示の義務化など、省エネ性能の高い建築物を義務化する法整備が進むことで、取り組みは拡大するでしょう。初期費用や運用コストについても、対応を急ぐ国や自治体からの補助金や支援制度により、導入のハードルは下がるものと考えられます。

私がこの業界に入る前は、日本における環境課題への取り組みは進んでいると思っていました。ですが、このようにグリーンビル化が欧州などに比べて遅れているという事実がある。これはとても嘆かわしいことです。

それでも、菅元総理のカーボンニュートラル宣言などを含め、グリーンビル化に向けて加速し始めているのは確かです。遅れていた分、それを急速に取り戻そうとする動きが今後活発化すると予想しています。

私は日本の技術力が高いと信じています。グリーンビル化を促進していく過程で、モノづくり日本、日本の本来の技術力が発揮されて、古き良き日本が復活するかもしれない。そんな期待も持っています。

図22 省エネルギー改修にかかる初期費用(イニシャルコスト)

〈省エネルギー改修における延床面積当たりのイニシャルコスト〉

(中小ビル改修効果モデル事業における診断結果の平均値)

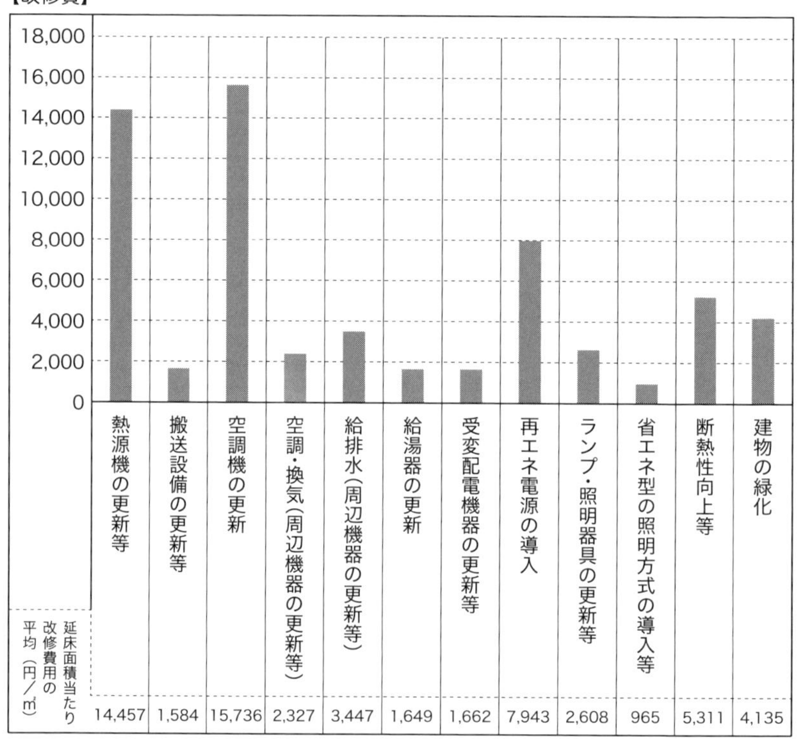

出典：環境省「省エネ改修とは――省エネ改修の費用対効果　グリーンビルナビ」
（https://www.env.go.jp/earth/info/greenbuilding/about/cp.html）を加工して作成

図23-1 省エネルギー改修による効果

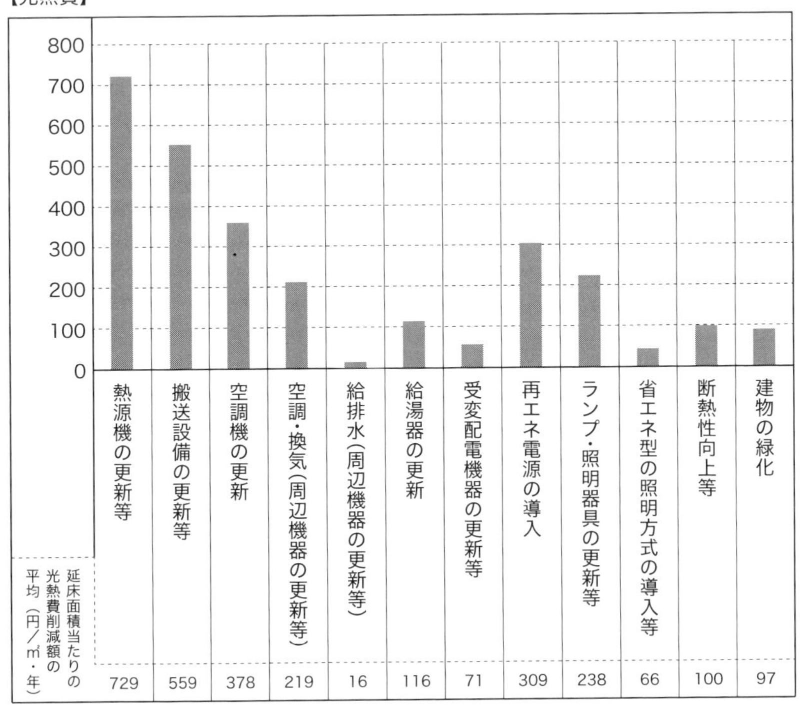

出典：環境省「省エネ改修とは――省エネ改修の費用対効果　グリーンビルナビ」
（https://www.env.go.jp/earth/info/greenbuilding/about/cp.html）を加工して作成

図 23 - 2

〈延床面積当たりの CO2 削減量の平均値〉

（中小ビル改修効果モデル事業における診断結果）

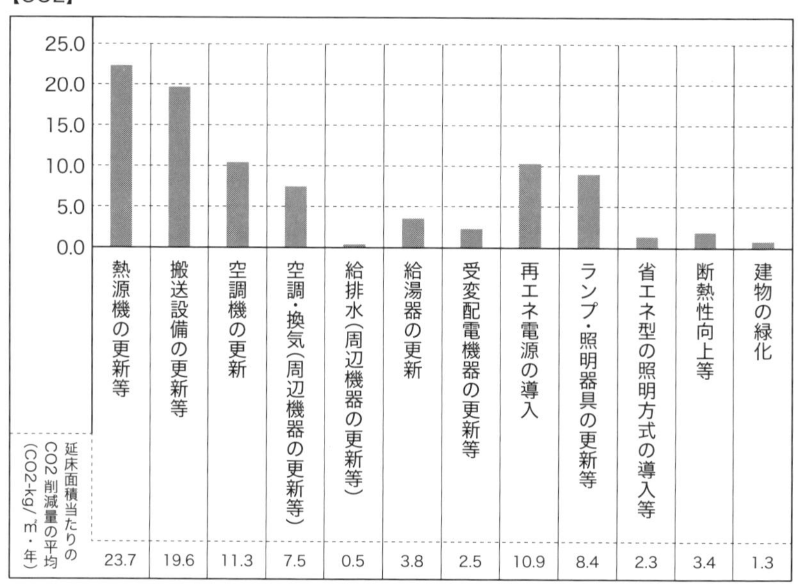

出典：環境省「省エネ改修とは――省エネ改修の費用対効果　グリーンビルナビ」
（https://www.env.go.jp/earth/info/greenbuilding/about/cp.html）を加工して作成

1-5 | Environment | Social | Governance |

不動産ESG評価でインカムゲイン、キャピタルゲインが変わる？

企業や投資家、金融機関等のESG配慮への強まりを受け不動産へのESG評価が進んでおり、賃料や売却価格などに影響する可能性があります。

ESG評価による不動産価値への影響

不動産ESG評価を高めることで、ビルのオーナーや投資家にとって、インカムゲインとキャピタルゲインの両方にプラスの影響が出る可能性があります。

まず、グリーンビルディング化をすることで、賃料の上昇や、空室対策をできることが挙げられます。テナントの多くは環境に配慮したビルに入居したいと考えているため、賃料が高くても入居希望者が現れる可能性が高くなります。

また、グリーンビルディング化によって、断熱性能や設備が改善されることで光熱費が削減できるため、ランニングコストを下げることが可能です。例えば、テナントビルでは、従来の照明設備をLEDに切り替えることで初期費用は高くなりますが、一般的な蛍光灯よりも長期的に使用できるため、電気代が抑えられます。

さらに、AIによる適温調整など最新のエアコンの導入により、室内の極端な温度変化を防止し、オフィスで働く人の生産性をアップさせることができます。（44ページ「多くの人の理解を得やすい不動産ESG」参照）

また、ESG環境に配慮した建築物は、将来的に不動産価値が上昇することが指摘されています。

2014年度スマートウェルネスオフィス研究委員会のCASBEE（建築環境総合性能評価システム）と賃料の相関分析によると、「CASBEEビル（CASBEEの認証取得あるいは地方自治体への届出を行っているビル）は非CASBEEビルに比べて賃料が坪当たり約564円（賃料比 3.64%）高い」「CASBEEランク1ランク当たり、賃料が坪当たり約264円（賃料比1.7%）高い」「CASBEEスコア1点当たり、賃料が坪当たり約79円（賃料比約

0.46%）高い」との結果が報告されています。

2019年4月の国土交通省の調査によると、不動産についてESGに配慮することにより、「不動産価値は高まる」、または「不動産価値は高まっていない（あまり差がない）が、今後は高まる」という回答が不動産投資家・ビルオーナー側で約8割、テナント入居者側で7割を占めました。

これらのことから、10年後にはESG不動産の賃料が今よりも高くなる可能性があります。

また、利回りの比較においても、ESG要因によって利回りが低くなり、そのため価格が上がる可能性があることが示されています。

入居時にESGに配慮する理由についても、テナント入居者側、不動産投資家・ビルオーナー側共に、「中長期的な光熱費負担などのコスト低減効果がある（期待される）ため」といった経済メリットよりも「従業員の労働環境の改善（従業員の満足度向上）につながる（期待される）ため」が最も多い結果となりました。また、テナント側では、「業務生産性が向上する（期待される）ため」「優秀な人材確保、長期雇用安定に寄与する（期待される）ため」が上位を占めています。

不動産の価値は経年変化に加え、社会状況や災害などの影響を受けやすく、不安定な部分があります。20年後、30年後も安定して収益を上げ、市場価値が維持される物件の選択基準に、持続可能性の実現を目的としたE（環境）・S（社会）・G（ガバナンス）の視点が重要になるのです。

環境不動産におけるキャピタルゲインへの期待

インカムゲインに関してはデータが揃いつつありますが、環境不動産によるキャピタルゲインへの影響については調査中の段階です。その理由として、環境性能の高い不動産の価値が多くの人に広まっていないことと、環境配慮の不動産の数と期間が十分ではないことが挙げられます。

特に賃貸マンションなどが代表的な例と言えるでしょう。賃借人は長い期間居住することを前提にしておらず、多くの人が賃料の安さを求めます。環境性能に配慮した不動産のためにはイニシャルコストをかける必要がありますが、賃貸マンションの場合は賃料に反映させづらいという現状があります。そのため、環境性能を高めたとしても不動産価値へ反映しにくいのでしょう。

しかし、国土交通省のESG不動産投資のあり方検討会が発信した「我が国不動産へのESG投資の促進に向けて」の中では、「不動産へのESG投資にあたっては、リスク・リターンの二軸を踏まえた投資から、社会的なインパクトという第三軸目も意識した投資」を行う必要があるとしています。

投資家においても環境性能の高い不動産への積極的な投資が見られる傾向にあり、今後はキャピタルゲインにも反映されることが予想されます。

グリーンビルディング化しやすくなるグリーンリース

グリーンビルディング化することで、インカムゲインやキャピタルゲインがアップすることが予想されていても、やはり初期費用が気になるという方も少なくないでしょう。

グリーンビルディング化にあたり、エネルギー効率の良い照明や断熱材、空調システムの導入、環境への影響が少ない建材の使用など、導入に関わる費用が大幅に増加する可能性があります。イニシャルコストの問題は不動産のオーナーにとって、切っても切れない問題です。

グリーンビルディング化する際のイニシャルコストの削減策として、最近では「グリーンリース」という手法が注目されています（186ページ）。このグリーンリースの本来の役割は、サステナビリティを推進するためにかかるコストをオーナーとテナントで協力して負担するというものです。イニシャルコストはオーナーが負担しますが、テナントは設備更新によって節約できた光熱費の差分をオーナーに支払うという仕組みであることから、オーナーの負担軽減につながります。

国土交通省が2016年に発行した「グリーンリース・ガイド」には、導入方法がわかりやすく記載されています。

環境課題への取り組みをアピールしたい企業や、オフィス環境の向上を求めている企業からの需要は増加傾向にあり、グリーンリースの普及は今後も拡大されるものと考えられます。

図24 ESG不動産の価値

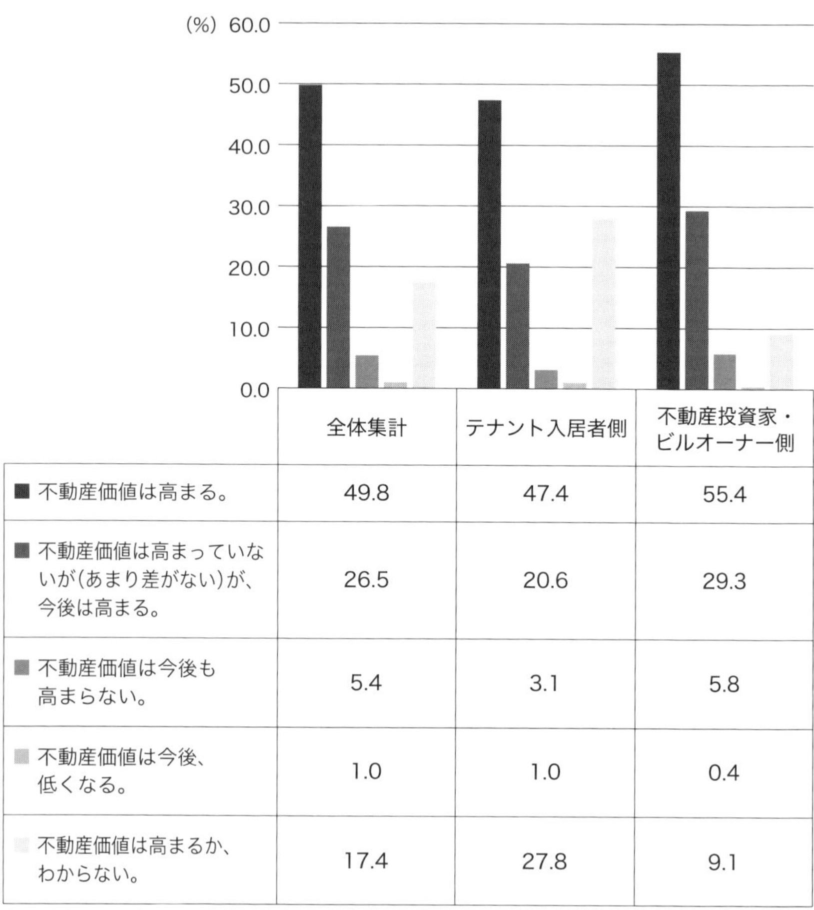

	全体集計	テナント入居者側	不動産投資家・ビルオーナー側
■ 不動産価値は高まる。	49.8	47.4	55.4
■ 不動産価値は高まっていないが(あまり差がない)が、今後は高まる。	26.5	20.6	29.3
■ 不動産価値は今後も高まらない。	5.4	3.1	5.8
■ 不動産価値は今後、低くなる。	1.0	1.0	0.4
■ 不動産価値は高まるか、わからない。	17.4	27.8	9.1

(単回答)

出典：国土交通省「環境性、快適性、健康性に優れたオフィスビルに関する国内アンケート調査結果の概要」(https://www.mlit.go.jp/common/001287774.pdf) を加工して作成

図25 入居時にESGに配慮する理由

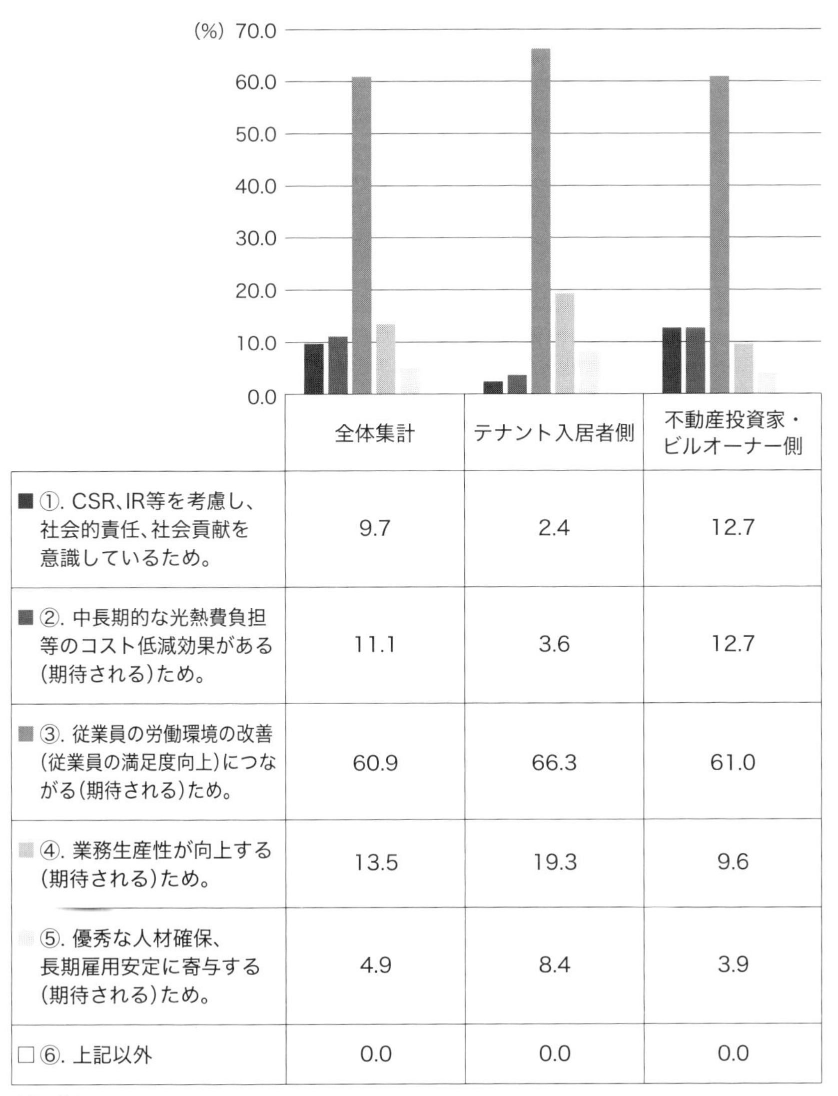

	全体集計	テナント入居者側	不動産投資家・ビルオーナー側
■ ①. CSR、IR等を考慮し、社会的責任、社会貢献を意識しているため。	9.7	2.4	12.7
■ ②. 中長期的な光熱費負担等のコスト低減効果がある（期待される）ため。	11.1	3.6	12.7
■ ③. 従業員の労働環境の改善（従業員の満足度向上）につながる（期待される）ため。	60.9	66.3	61.0
■ ④. 業務生産性が向上する（期待される）ため。	13.5	19.3	9.6
■ ⑤. 優秀な人材確保、長期雇用安定に寄与する（期待される）ため。	4.9	8.4	3.9
□ ⑥. 上記以外	0.0	0.0	0.0

（単回答）

出典：国土交通省「環境性、快適性、健康性に優れたオフィスビルに関する国内アンケート調査結果の概要」（https://www.mlit.go.jp/common/001287774.pdf）を加工して作成

1-6 | Environment | Social | Governance |

不動産ESG評価に欠かせないグリーンビル

環境への配慮を求める世論が高まっている現在、不動産の資産価値にもESGの影響は大きく、グリーンビル化は必須の取り組みです。

テナントがグリーンビルを積極的に選ぶ時代

昨今のテナントは、環境配慮型の建物（グリーンビル）を積極的に選ぶようになってきました。グリーンビルに入居することで、CSR（企業の社会的責任）活動の一端を担うと見ることができるからです。

グリーンビルに入居する企業は「環境や社会課題に取り組む企業」とみなされ、消費者から支持を得やすくなるというメリットがあります。特に環境に配慮した商品やサービスを提供する企業にとっては、テナントビルを選択する際には大きなポイントです。

グリーンビルが社会に求められていることから、「グリーンリース」を導入するビルオーナーも増えています。「グリーンリース」とは、ビルオーナーとテナントが協働し、不動産の省エネやオフィス環境の改善について自主的に取り決め、実践する賃貸の方法です。ビルオーナーとテナントの双方で協力することで光熱費の削減などの恩恵も受けることができ、グリーンビル化を進めることが可能です。グリーンリースを導入することで、ESGへの取り組みを対外的に発信することもできます。

企業を選ぶ際の指針にも

人手不足と言われる現在、企業は人材を集めるためのブランド作りも必須です。このブランドには、グリーンビルにオフィスを構えていることも重要な条件となります。

あるアンケートでは、従業員から要望の高い設備や仕様について、「衛生状態の良いトイレ」「リフレッシュスペース」「空調・換気」「災害対応」「衛生・健康」が上位に挙がりました。これらは、従業員がオフィスで快適に過ごすことができるウェルビーイングにあたります。

2015年、国連でSDGsが採択されたことで環境不動産に注目が集まりました。気候変動に対する危機が少しずつ顕在していく中、ようやく世界全体で環境に対する意識が高まり始めたのはこの頃からと言えます。

さらに、国連によってESG配慮を不動産投資に適用するPRI（責任投資原則）が示されたことで、省エネルギーや環境への配慮に加え、社会と調和の取れた質の高い不動産がグリーンビルとして求められるようになりました。我々人類が、地球環境に対して何ができるか、より具体的になったと言えるでしょう。

遅れをとっていた日本でも、省エネ性能の向上は徐々に重要視されていました。ですが、大震災を経て防災や耐震などへの対策が不動産に求められ、昨今では新型コロナウイルスの世界的な感染が不動産のあり方に影響を与えました。多くの企業が働き方の見直しを図り、オフィスをはじめとする労働環境に関する議論も活発化しています。「身体的」「精神的」「社会的に健康で安心な状態」への配慮が重視されるようになり、この意識はウェルビーイングとしてオフィスビルが配慮するべき事項です。

その一環として、既に2019年6月にはCASBEEウェルネスオフィス（CASBEE-WO）が公開されています。これは、知的生産性を高める内装や設備、高度な通信インフラ、耐震性、感染症に対する安全確保などを評価するものです。

このように、環境問題だけではない、SDGsやESGを意識したグリーンビルディングにより、生産性の高まりが期待され、環境や社会問題を意識する人材が集まることで、結果的に持続可能な経済活動が実行できるようになります。資産価値の高い不動産として、ビルオーナーやテナント、デベロッパー、投資家など不動産に関わるステークホルダーにメリットをもたらすと考えられています。

ウェルビーイングへの対応はグリーンビル認定の条件の一つです。欧米においては、グリーンビルディングへの入居は企業にとってステイタスであり、知的生産性を高め優秀な人材を獲得するためにはグリーンビルディングへの入居や保有は不可欠とされています。

日本でも若い世代ほどオフィス環境への関心が高いという結果もあり、グリーンビルへの入居は優先検討事項となるでしょう。

図26 グリーンビル化でもたらされる付加価値の例

<table>
<tr><th colspan="3" rowspan="2">ビルオーナーが重視する視点</th><th colspan="3">ビルの環境性能向上が、各ライフサイクルフェーズにおいてもたらす付加価値</th></tr>
<tr><th>計画・設計／施工</th><th>賃貸</th><th>売却</th></tr>
<tr><td rowspan="4">個別ビルにおける収益性</td><td rowspan="2">収入の高さ</td><td>インタンジブルな訴求力（ブランド力、話題性など）</td><td>－</td><td>・環境イメージの向上</td><td>・環境イメージの向上</td></tr>
<tr><td>タンジブルな訴求力（品質、性能など）</td><td>－</td><td>・オフィス品質（快適性等）の向上</td><td>・オフィス価格低下の防止（中古売却の場合）</td></tr>
<tr><td rowspan="2">コストの低さ</td><td>固定コストの低さ</td><td>・優遇措置（低金利融資など）</td><td>・光熱費の低減</td><td>－</td></tr>
<tr><td>臨時コストの低さ</td><td>・環境規制への適合性（円滑なプロジェクトクロージング）</td><td>・品質に対するクレームの批判
・不具合（劣化）の抑制</td><td>・劣化による改修費用の低減（中古売却の場合）</td></tr>
<tr><td colspan="3">企業全体の収益性・イメージ</td><td colspan="3">・企業の環境イメージの向上
・企業のブランド力の向上</td></tr>
</table>

出典：環境省「省エネ改修とは──省エネ改修の魅力　グリーンビルナビ」
（https://www.env.go.jp/earth/info/greenbuilding/about/attractiveness.html）を加工して作成

金融機関や投資家のESGへのシフト

世界や日本企業のESG対応への動きに伴い、金融機関や投資家の動きにも変化が表れています。

全国地方銀行協会は、2019年度から「SDGs/ESGへの取り組み」を事業計画に掲げ、ESG対応だけでなく、融資においてもESGの観点を取り入れることを打ち出しました。

既に、環境問題の解決に取り組み、条件に応じた目標を達成すると、貸出金利が優遇される金融商品が登場しています。金融機関がみずからESGに取り組む以上、今後は融資を受ける企業側にも同じような取り組みが求められるでしょう。

投資家も金融機関と同じく、時流を読んでいます。ESGに関心が高い企業は、従業員数も多く、大きな規模のオフィスを利用する傾向があるといいます。これはつまり、ESG不動産の、長期で安定的な利益を意味しています。投資家の注目は必然だと言えます。

また、政府は今後の取り組み方針として、2030年度以降には、新築住宅・建築物において、ZEB/ZEH基準の実現を目指すことが示されています。

2050年には、より高い省エネルギー性能の確保を促進するため、ストック平均でZEB/ZEH基準の水準の省エネ性能が確保され、導入が合理的な住宅・建築物において太陽光発電設備などの再生可能エネルギーの導入が一般的となることを目指しています。建築物の省エネ性能が一層重要視されていく流れは不可逆的なものとなっています。

そのため、将来的に、グリーンビル化しない不動産は存在すらできないことになります。現在は不動産ESGに対する取り組みとして欠かせないものとなっているグリーンビルですが、これが欠かせないどころか標準化されることになるのです。

図27 脱炭素社会に向けた住宅・建築物における省エネ対策等の

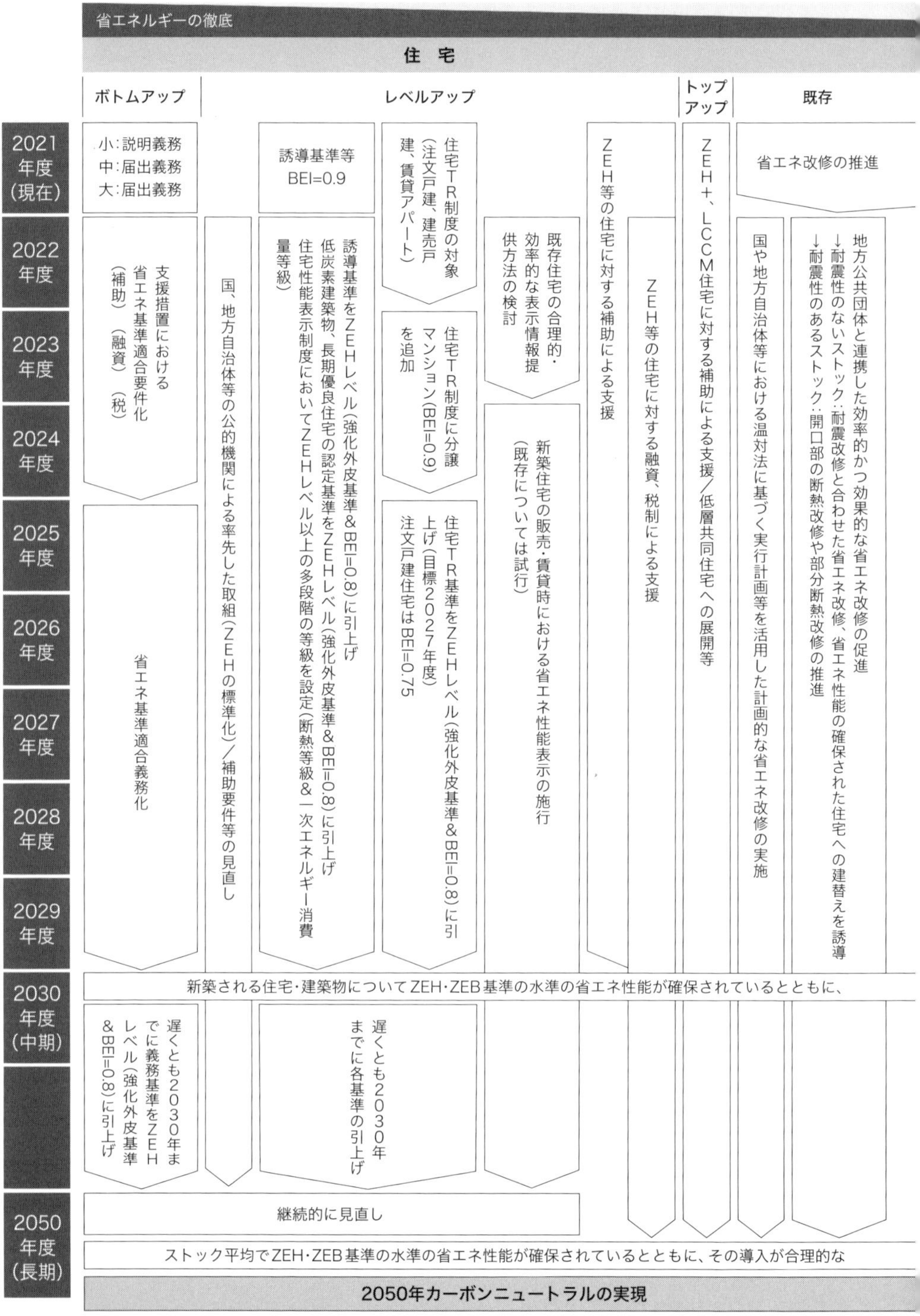

省エネルギーの徹底

住　宅

	ボトムアップ	レベルアップ				トップアップ	既存
2021年度（現在）	小：説明義務 中：届出義務 大：届出義務	誘導基準等 BEI=0.9	住宅TR制度の対象（注文戸建、建売戸建、賃貸アパート）		ZEH等の住宅に対する補助による支援	ZEH+、LCCM住宅に対する補助による支援／低層共同住宅への展開等	省エネ改修の推進
2022年度〜2024年度	支援措置における省エネ基準適合要件化（補助）（融資）（税）	国、地方自治体等の公的機関による率先した取組（ZEHの標準化）／補助要件等の見直し 誘導基準をZEHレベル（強化外皮基準&BEI=0.8）に引上げ 低炭素建築物、長期優良住宅の認定基準をZEHレベル（強化外皮基準&BEI=0.8）に引上げ 住宅性能表示制度においてZEHレベル以上の多段階の等級を設定（断熱等級&一次エネルギー消費量等級）	住宅TR制度に分譲マンション（BEI=0.9）を追加	既存住宅の合理的・効率的な表示情報提供方法の検討	ZEH等の住宅に対する融資、税制による支援		国や地方自治体等における温対法に基づく実行計画等を活用した計画的な省エネ改修の実施 地方公共団体と連携した効率的かつ効果的な省エネ改修の促進 ↓耐震性のないストック：耐震改修と合わせた省エネ改修、省エネ性能の確保された住宅への建替えを誘導 ↓耐震性のあるストック：開口部の断熱改修や部分断熱改修の推進
2025年度〜2029年度	省エネ基準適合義務化		住宅TR基準をZEHレベル（強化外皮基準&BEI=0.8）に引上げ（目標2027年度） 注文戸建住宅はBEI=0.75	新築住宅の販売・賃貸時における省エネ性能表示の施行（既存については試行）			
2030年度（中期）	新築される住宅・建築物についてZEH・ZEB基準の水準の省エネ性能が確保されているとともに、						
	遅くとも2030年までに義務基準をZEHレベル（強化外皮基準&BEI=0.8）に引上げ	遅くとも2030年までに各基準の引上げ					
2050年度（長期）	継続的に見直し						
	ストック平均でZEH・ZEB基準の水準の省エネ性能が確保されているとともに、その導入が合理的な						
	2050年カーボンニュートラルの実現						

出典：国土交通省「今後の住宅・建築物の省エネルギー対策のあり方（第三次答申）及び 建築基準制度のあり方（第四次答申）

あり方・進め方に関するロードマップ(2021.8)

再生可能エネルギーの導入拡大

建築物

ボトムアップ / レベルアップ / トップアップ / 既存

2021年度(現在) / 2022年度 / 2023年度 / 2024年度 / 2025年度 / 2026年度 / 2027年度 / 2028年度 / 2029年度 / 2030年度(中期) / 2050年度(長期)

改修前後の合理的・効果的な省エネ性能の把握方法や評価技術の開発

消費者が安心して省エネ改修を相談・依頼できる仕組みの充実・周知

ボトムアップ

小:説明義務(2021年度～) → 支援措置における省エネ基準適合要件化 → 省エネ基準適合義務化

中:適合義務(2021度～) → 義務基準を引上げ(BEI=0.8程度)

大:適合義務(2017年度～) → 義務基準を引上げ(BEI=0.8程度)

遅くとも2030年までに義務基準を中大規模はZEBレベル(用途に応じてBEI=0.6/0.7)、小規模はBEI=0.8に引上げ

レベルアップ

国、地方自治体等の公的機関による率先した取組(ZEBの標準化)/補助要件等の見直し/官庁施設整備に適用する基準類の見直し

誘導基準等BEI=0.8 → 誘導基準等をZEBレベル(用途によりBEI=0.6又は0.7)に引上げ 低炭素建築物の認定基準をZEBレベル(同右)に引上げ → 遅くとも2030年までに各基準の引上げ

既存建築物の合理的・効率的な表示情報提供方法の検討 → 新築建築物についての省エネ性能表示の施行

ZEBに対する補助による支援、認知度向上のための情報提供

継続的に見直し

トップアップ

先導的な取組に対する補助による支援→LCCM建築物への展開

既存

省エネ改修の推進

国や地方自治体における温対法に基づく実行計画等を活用した計画的な省エネ改修の実施

地方公共団体と連携した効率的かつ効果的な省エネ改修の促進

改修前後の合理的・効果的な省エネ性能の把握方法や評価技術の開発

新築戸建住宅の6割において太陽光発電設備が導入されていることを目指す

住宅・建築物における太陽光発電設備等の再生可能エネルギーの導入が一般的となることを目指す

2050年カーボンニュートラルの実現

について ～社会資本整備審議会 答申～」(https://www.mlit.go.jp/report/press/content/001487807.pdf)を加工して作成

Environment | Social | Governance

第 2 章

「環境性能認証」導入の実務

2-1 | Environment | Social | Governance |

不動産のESG認証には、どのようなものがある？

国内のグリーンビルディングの評価システムは、主に3つあります。目的に応じて適切な選択と評価申請のタイミングが重要です。

BELS評価認証

図28 BELS認証マーク

提供：（一社）住宅性能評価・表示協会

建築物の省エネ性能を「星マーク」と「家マーク」の数で表示する、建築物省エネルギー性能表示制度です。2016年より対象範囲が住宅に拡充され、建築物省エネ法に基づく建築物の省エネ性能表示のガイドラインにおける第三者認証として運用されています。

対象建物用途は住宅・非住宅関係なく、新築・既存全ての建築物が評価可能です。給湯設備、暖房設備、冷房設備、換気設備、照明設備などによる「エネルギー消費性能」と、住宅の場合は建物の外壁、窓、床、屋根、天井など、室内と室外を分け隔てる部分による「断熱性能」も含めて評価されます（厳密には、非住宅も断熱性能の計算は発生します）。

2024年の3月までは「エネルギー消費性能」の評価として、★5を最高レベルとした5段階で評価されていました。2024年4月の省エネ性能表示制度の改正に伴い、新しくなったBELS制度では、再エネ設備のない住宅の「エネルギー消費性能」の最高レベルは4、非住宅や再エネ設備のある住宅の場合の「エネルギー消費性能」の最高レベルは6になっています。

エネルギー消費性能は「基準一次エネルギー消費量」に対する「設計一

次エネルギー消費量」の割合によるBEI値により算出します。BEI値が小さいほど、省エネルギー性能が高い評価となります。

BELSの申請をする際、一定の基準を満たしていれば、さらに高い省エネ性能を持つことが証明されるZEB/ZEHの取得が可能です。このZEB/ZEHが将来的に日本で求められることになる建築物の省エネ基準です。

一般社団法人住宅性能評価・表示協会の事例によるデータ一覧をもとにした弊社の「環境性能評価・認証毎の物件数調査」によると、2024年6月末時点で、BELS評価を取得している物件は、延床面積別では、2,000㎡未満の物件は2,063件（全体の約41.3%）で、前回調査（2023年12月）からの半年間で307件増加していました。

また、竣工年代別では、やはり新しい物件での取得が多いものの、2000年までに竣工した物件も936件（全体の約18.7%）取得しており、こちらも前回調査（2023年12月）からの半年間で73件の増加となり、延床面積や竣工年代の条件にかかわらず、BELS評価を取得できる可能性があるという結果が出ています。

ランク別では、★5取得の物件が最も多く、3,150件（全体の約63%）となっていることから、BELS評価は他の認証に比べて高ランクの取得が期待できることがわかります。

※調査時点では、BELS新制度による取得データがなかったため、ランク★5が最高となっています。

図29 BELS評価取得の実際

〈BELS 全用途　延床面積別〉

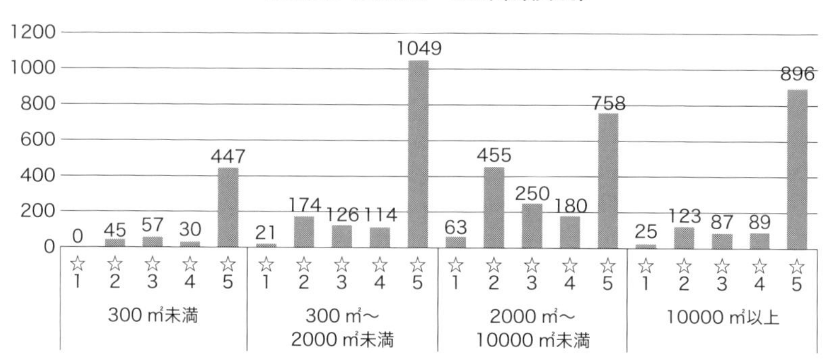

〈BELS 全用途　竣工年代別〉

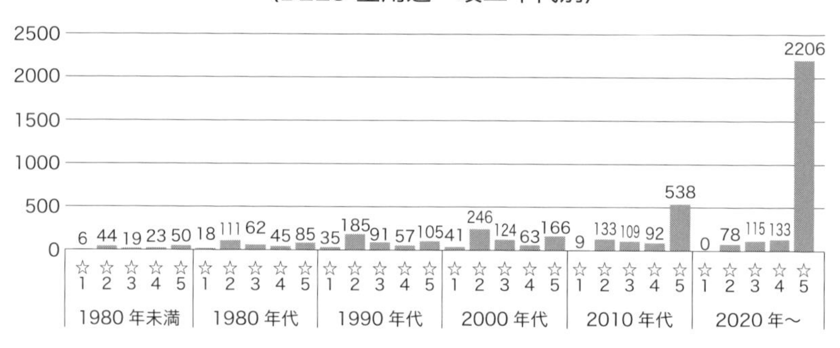

〈BELS 全用途　取得年度別〉

〈BELS 全用途　取得ランク別〉

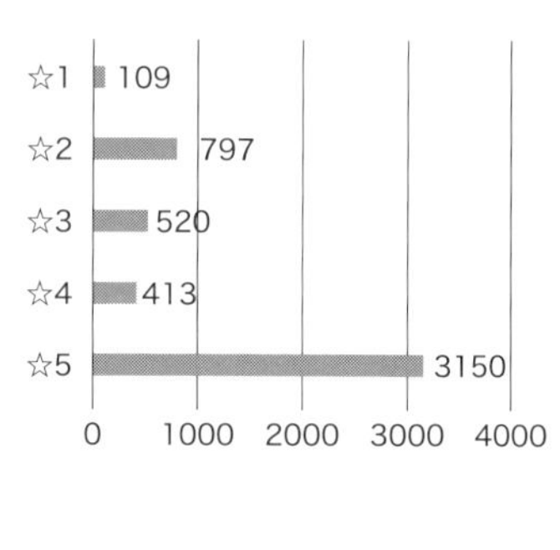

出典：環境・省エネルギー計算センター「環境性能評価・認証毎の物件数調査」（2024年7月）（https://www.ceec.jp/wp-content/uploads/2024/07/202407RealEstateSurveyReport.pdf）を加工して作成

CASBEE評価認証

CASBEE評価認証は建築物を環境性能の面から総合的に評価し、5段階でランク付けする評価制度です。

BELSは省エネ性能だけを評価しますが、CASBEE評価認証では、環境に配慮した資材・機材の使用や、景観への配慮など、多岐にわたって総合的に建築物の環境性能を評価します。認証を取得した場合、GRESBのグリーンビルディング認証の評価項目の加点対象となることも特徴です。

評価対象となる建物用途によって種類がわかれており、「建築」「不動産」「戸建」「街区」「ウェルネスオフィス」など、それぞれで評価基準や評価項目が異なります。

図30 CASBEE認証マーク

提供:(一財)住宅・建築SDGs推進センター(IBECs)

「CASBEE-建築」は、戸建住宅を除く全ての用途に適用可能です。大きく「非住宅系用途」と「住宅系用途」にわけられます。「CASBEE-不動産」は竣工後1年以上経過した既存建築物が対象です。事務所・店舗・物流施設・集合住宅・それらの複合用途を含む建築物に限定されています。

どちらも着工後の経過年数によって取得できる認証が異なるため、申請には注意が必要です。また近年では、CASBEE-建築を届出制度として導入している自治体が増えており、住宅用途の場合はCASBEE評価認証で高評価を受けた物件に対して自治体が住宅ローンの金利優遇施策を講じるなど、取得のメリットが高まっています。

弊社の「環境性能評価・認証毎の物件数調査」によると、2024年2月時点で、全用途で見ると延床面積別では2,000㎡未満の物件であっても157件(全体の約11.1%)、竣工年代別では1990年までに竣工した488件(全体の約34.6%)が認証を受けています。

そのため、延床面積・竣工年代などの条件にかかわらずCASBEE-不動産評価認証を取得できる可能性は十分あると言えます。

ランク別ではSランク643件/Aランク734件/B、B+ランク33件で、SとAランクが97.7%と大半を占めているため、CASBEE評価認証も比較的高ランクの取得が期待できるといえますが、各企業が高ランクを期待できる物件のみ取得している可能性もあります。

DBJ Green Building認証

「環境・社会への配慮」がなされた建築物とその建築物を所有・運営する事業者を支援する取り組みとして2011年に創設された認証制度です。日本政策投資銀行（DBJ）が創設し、認証業務を日本不動産研究所が行っています。

不動産のサステナビリティをESGに基づく5つの視点から、社会・経済に求められる不動産を総合的に評価・認証しています。評価対象には竣工後物件と竣工前物件があり、竣工前物件では計画段階から評価を行います。竣工後物件の認証には、現地の確認や所有者・管理者への面接により評価内容の確認を行います。他の認証制度と異なり、図面やエビデンスの資料が原則不要なことが大きな特徴です。

図31 DBJ Green Building 認証マーク

提供：（株）日本政策投資銀行、（財）日本不動産研究所

認証を取得した場合、GRESBのグリーンビルディング認証の評価項目の加点対象となります。DBJ認証はハード面と共にソフト面も評価するため、ESG評価のバランスが良いとされています。

「環境性能評価・認証毎の物件数調査」によると、2024年2月現在で、全用途において延床面積別では2,000㎡未満の物件242件（全体の約17.1%）、竣工年代別では2000年までに竣工した物件192件（全体の約13.5%）がDBJ Green Building認証を取得しています。よって延床面積・竣工年代の条件にかかわらず認証を取得できる可能性があります。

ランク別では★3取得の物件が最も多く660件（全体の約46.6%）とい

う結果となりました。

また、2024年4月より、オフィス、物流施設、商業施設、レジデンスに加え、ホテル版の運用が開始されています。

進化する環境性能認証

CASBEE-不動産もDBJ Green Building認証に追従するように今年度中にホテル版が増える予定です（本書執筆時2024年）。

また、CASBEE-ウェルネスオフィスが注目されていますが、CASBEE-建築と同程度の手間とコストが課題でした。こうした背景から、取得しやすい形で調整されたCASBEE-ウェルネスオフィスの簡易版（CASBEE-不動産の位置付け）が開発されています。

需要に合わせ進化する環境性能認証ですが、REITの保有物件は主にオフィス、物流施設・工場、共同住宅、商業施設、ホテルであることを考えると、REITの保有物件の比率が高いものを優先していると考えられます。

今後は老人ホームなどの福祉施設も対象になるかもしれません。REITの動向を注視する必要があります。

さらに、GRESBというAPGやPGGMなどの欧州の年金基金を中心として創立された、企業のESG配慮に関する総合的な評価指標があります。J-REITを中心に、多くのREITやファンドなどに拡大しています。

図32 環境性能認証比較表(新築)

		新築		
評価の種類		省エネ適合性判定	BELS(省エネ計算)	CASBEE-建築
取得タイミング		着工前(省エネ法上の要請)	随時 ※完了検査後の省エネ適判審査結果にて取得するのが望ましい	竣工後3年以内 ※竣工後1年以内までが望ましい ※工事に反映する項目もあるため着工前や工事に反映できるタイミングが望ましい
有効期間		−	−	3年
用途		非住宅	全用途	戸建て以外
省エネ計算		○	○	○
評価ランク		−	★6〜★0 (上位互換でZEB、ZEH等の表示あり)	S、A、B+、B−、C (★5、★4、★3、★2、★1)
GRESB		−	加点対象(省エネルギー格付)	加点対象(グリーンビル認証)
評価項目 ※( )内は評価項目の重み係数を表す	エネルギー/温暖化ガス	1項目(省エネ計算のみ)	1項目(省エネ計算のみ)	6項目(25)
	水			2項目(2.25)
	資源利用/安全			17項目(27.75)
	生物多様性/敷地			10項目(25)
	屋内環境			13項目(20)
	建物の環境性能			
	テナント利用者の快適性			
	危機に対する対応力			
	多様性・周辺環境への配慮			
	ステークホルダーとの協働			
手間・時間		小(1-1.5ケ月程度)	小(1-1.5ケ月程度)	最大(3-6ケ月程度)
第三者による評価		判定	評価	認証
面談・実査		なし	なし	必要に応じて面談あり
環境性能の見える化		−	◎	◎
メリット			・国が推奨する第三者評価であり、政府が2050年までに建築物のストック平均でZEH・ZEB水準の省エネ性能確保を目標に掲げているため、将来的に取得必須となる可能性がある ・国で定める基準以上の省エネ性能であることをアピールできる ・図面資料のみのため、資料収集の手間が少ない ・全ての用途が評価対象 ・省エネ性能が一目でわかる ・新築、既存を問わず評価が可能 ・省エネ基準を満たしていなくても評価書が発行される ・有効期限がない	・耐震性や維持管理性などの評価項目があるため、災害時のリスク軽減や建物更新性向上につながる ・室内環境の快適性なども評価しているため、生産性向上につながる ・認証を取得した場合、GRESBの評価項目の加点対象となる
デメリット (他認証との比較による)			・省エネルギー性能のみの評価であるため、総合的な環境性能は評価できない ・有効期限はないが時間経過による変化がないことを保証するものではない	・他認証と比較し評価項目が多い。認証を取得する場合、各項目の根拠資料が必要となり資料が膨大となる場合がある ・認証を取得する場合、他認証と比較すると時間や手間がかかる
概要・備考		・法律上、省エネ計算をしたうえで民間検査機関の確認がとれないと確認申請がおりない ・法律上適合させることが必須であるため、他認証のように外部へのアピール材料としてのものではない	・省エネ適合性判定の審査手続きで取得することが可能。省エネ適合性判定時の省エネ計算数値でのランクよりもランクアップを目指す場合は変更検討が必要 ・省エネルギー性能のみを評価	・総合的な環境性能を認証 ・CASBEE-建築を届出制度として導入している自治体もある。(民間認証ではない) ・竣工後3年以上経過した建物は新築版による評価は不可。CASBEE認証を取得する場合は、CASBEE-不動産となる

※評価項目は、各ラベリングシステムを比較しやすいように、近い評価項目を整理する形式で表示しております。明確な分類ではありませんのでご注意ください。

図 33 環境性能認証比較表(既存)

	既存		
DBJ Green Building 認証	BELS(省エネ計算)	CASBEE-不動産	DBJ Green Building 認証
随時 ※工事に反映する項目もあるため着工前や工事に反映できるタイミングが望ましい	随時	竣工後1年以上 ※竣工後1年以上の運用実績が必要	随時
3年	−	5年	3年
オフィス、物流施設、商業施設、レジデンス、ホテル	全用途	オフィス、物流施設、店舗、共同住宅	オフィス、物流施設、商業施設、レジデンス、ホテル
○	○	○	○
★5〜★1	★6〜★0 (上位互換で ZEB、ZEH 等の表示あり)	S、A、B+、B (★5、★4、★3、★2)	★5〜★1
加点対象(グリーンビル認証)	加点対象(省エネルギー格付)	加点対象(グリーンビル認証)	加点対象(グリーンビル認証)
	1項目(省エネ計算のみ)	5項目(35)	
		4項目(10)	
		5項目(20)	
		5項目(20)	
		4項目(15)	
26項目(40)			26項目(40)
20項目(20)			20項目(20)
12項目(15)			12項目(15)
16項目(15)			16項目(15)
11項目(10)			11項目(10)
中(2.5ケ月-竣工時) ※工期にもよる	小〜中(1-2ケ月程度)	中(2-3ケ月程度)	中(2.5-3ケ月程度)
認証	評価	認証	認証
面談あり	なし	なし	面談あり、実査あり
◎	◎	◎	◎
・各評価項目の根拠資料を添付する必要がないため、手間が軽減される ・認証を取得した場合、GRESB の評価項目の加点対象となる ・CASBEE がﾊｰﾄﾞ面での評価に対しDBJGB 認証はソフト面も評価するため ESG 投資のバランスが良いといわれる	・国が推奨する第三者評価であり、政府が 2050 年までに建築物のストック平均で ZEH・ZEB 水準の省エネ性能確保を目標に掲げているため、将来的に取得必須となる可能性がある ・国で定める基準以上の省エネ性能であることをアピールできる ・図面資料のみのため、資料収集の手間が少ない ・全ての用途が評価対象 ・省エネ性能が一目でわかる 新築、既存を問わず評価が可能 ・省エネ基準を満たしていなくても評価書が発行される ・有効期限がない	・簡易型の建物環境格付システムで、評価項目が少ない ・CASBEE-建築に比べて、短期間かつ低コストで認証取得が可能 ・必須項目(5項目)をクリアすると、Bランク(★2)を取得することができ、既存建物の上位 25%程度の性能の建物であることをアピールすることができる	・各評価項目の根拠資料を添付する必要がないため、手間が軽減される ・簡明な評価項目により構成され、不動産所有者にとって使いやすい簡便な手続きで取得できるような仕組みになっている ・評価軸に ESG の要素を取り入れていることから、ESG 投資と親和性が高く、ESG 投資の実践をアピールすることができる ・新築、既存を問わず評価が可能
・着工前または建築中にプラン認証を取得した後、竣工後に本認証を取得する必要があるため認証費用が高め ・実績値に関する項目は計画値での評価となるため、既存に比べ満点がとれない	・設計図がない場合は、申請することが困難 ・図面があっても、CAD データがない場合は、一部、図面の CAD 化などの対応が必要 ・省エネルギー性能のみの評価であるため、総合的な環境性能は評価できない ・有効期限はないが時間経過による変化がないことを保証するものではない	認証を取得する場合、各項目の根拠資料が必要となる ・エネルギー、水では3年間の実績値が必要となる場合がある	・有効期間が短い ・物件によっては、省エネ基準を満たしているものではないと認証が取得できない ・軽量鉄骨造は認証対象外 ・所有者が変わると認証は引き継がれない
・総合的な環境性能を認証 ・認証の有効期限は認証日から3年(プラン認証付新規認証:新築の場合は竣工日から3年)	・省エネルギー性能のみを評価 ・2024年4月1日の改定により、住宅用途(共同住宅、長屋、寄宿舎等)の既存物件でも取得しやすくなった	・総合的な環境性能を認証	・総合的な環境性能を認証

出典:環境・省エネルギー計算センター

2-2 | Environment | Social | Governance |

省エネ性能に特化した環境性能認証：BELSとは？

建築物の省エネ性能を星と家マークの数で表した制度で、省エネ性能のみを評価します。他の認証制度と比較すると、取得の仕方はシンプルです。

BELSの評価対象は全用途

BELS評価は「建築物エネルギー性能表示制度」の略称で、新築・既存を問わず、全ての建築物を対象とした省エネルギー性能に関する評価・表示を行う制度です。

建築物の「断熱性能（建築物の外壁、屋根、窓などの断熱性などの性能）」と「エネルギー消費性能（空調設備や照明設備などが消費するエネルギー）」に基づき、第三者評価機関によって省エネルギー性能が評価されます。

エネルギー消費性能を見える化することで、第三者評価機関による建築の適切な評価に基づく消費者の選択と、建築物におけるエネルギー消費性能の表示制度の普及促進を目的としています。BELS評価を取得した建築物はグリーンビルとして差別化につながり、ひいては市場における建築物のエネルギー消費性能向上が期待されています。

BELSは新築・既存のどちらも随時申請が可能です。新築時の省エネ適合性判定の審査手続きの過程で取得が可能であり、省エネルギー性能に特化しているため、他の環境性能認証と比較すると、主に建物図面のみで評価できるため少ない資料で申請ができます。

このため近年では、大手企業を中心とした取り組み件数の増加が見られます。住宅用途のBELS評価書の取得については、2024年4月末時点では非住宅用途が累計4,698件なのに対し、住宅用途の件数は（戸建てが多いため）521,911件です。

非住宅建築物に関しても2023年末から2024年2月にかけてBELSの取得が倍増しています。

また、政府は2050年までに建築物に対してストック平均でZEH/ZEB

基準の水準を求めることを示していますが、ZEBの場合は事務所などならBELSにおけるエネルギー消費性能星5つ、病院などの用途では星4つが必要です。ZEHの場合、エネルギー消費性能で星3かつ断熱性能で家5つが必要となります。そのため、今後もますますBELS取得が必須になっていくでしょう。

図34 用途毎のBELS評価書交付実績推移

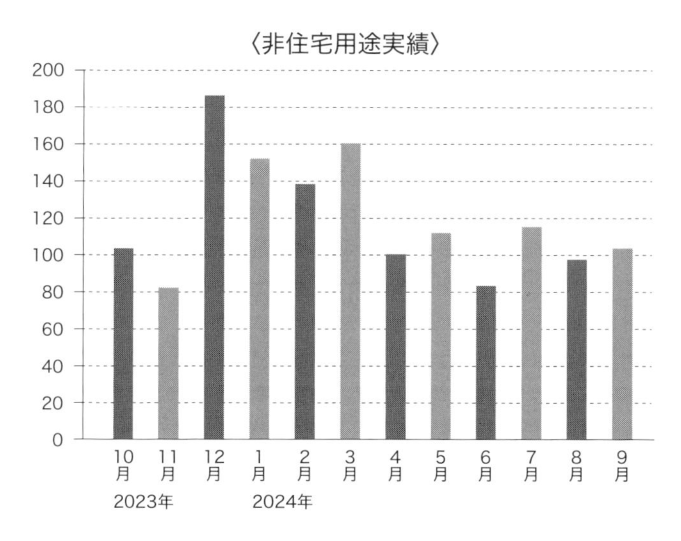

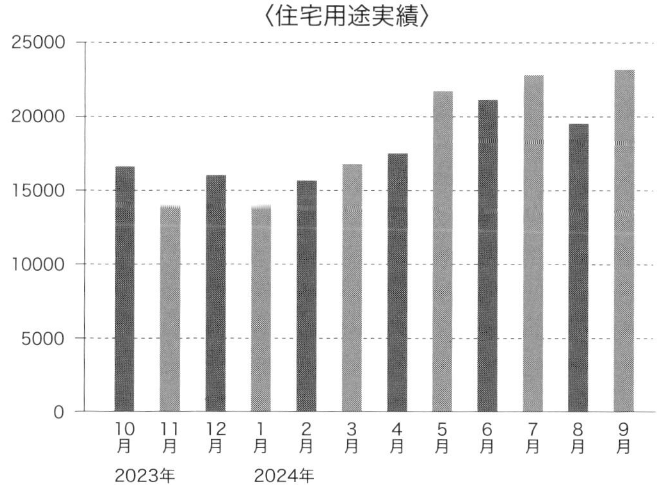

出典：（一社）住宅性能評価・表示協会「BELS事例紹介」
（https://bels.hyoukakyoukai.or.jp/cases）を加工して作成

図 35 BELS 評価基準

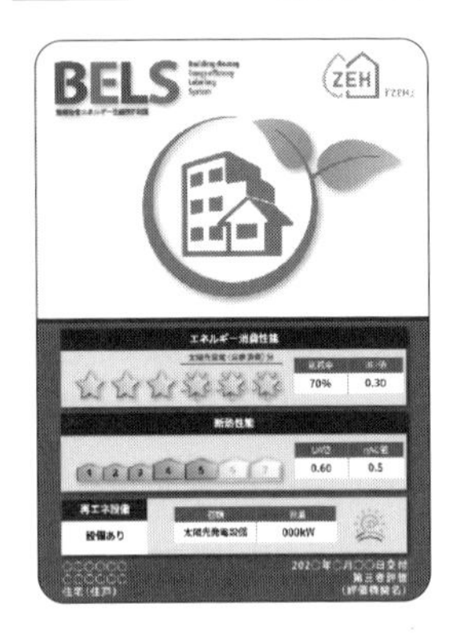

【星マークの違いについて】

★ エネルギー消費量の削減率（10%分）

☆ 再エネ（太陽光発電）分でのエネルギー削減量※

※大規模非住宅の省エネ基準は、工場等：25% 以上削減、事務所等・学校等・ホテル等・百貨店等：20% 以上削減、病院等・飲食店等・集会所等：15% 以上削減で達成。

再エネ設備がない住宅

レベル		
4	★★★★	30%以上の削減率
3	★★★	20%以上30%未満の削減率
2	★★	10%以上20%未満の削減率
1	★	0%以上10%未満の削減率
0		0%未満の削減率

再エネ設備がある住宅、非住宅（再エネ設備に関わらず）

レベル		
6	★★★★☆☆	50%以上の削減率
5	★★★★☆	40%以上50%未満の削減率
4	★★★☆	30%以上40%未満の削減率
3	★★☆	20%以上30%未満の削減率
2	★☆	10%以上20%未満の削減率
1	☆	0%以上10%未満の削減率
0		0%未満の削減率

出典：（一社）住宅性能評価・表示協会
「建築物省エネ法に基づく省エネ性能表示制度事業者向け概要資料　第 1 版（2023 年 9 月）」
（https://www.mlit.go.jp/shoene-label/images/guideline_gaiyou.pdf）を加工して作成

図 36 非住宅用途に係る基準の概要

評価対象はどこ？ 外皮と設備

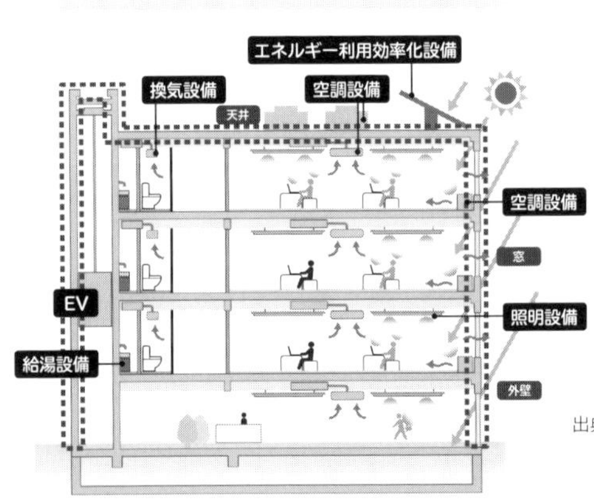

外皮性能
・天井　・窓　・外壁

BEI：一次エネルギー消費量（設備）
・エネルギー利用効率化設備 ・空調設備　・換気設備 ・照明設備　・給湯設備 ・EV　・その他（OA 機器等）

出典：国土交通省「改正建築物省エネ法の各措置の内容とポイント」
（https://www.mlit.go.jp/jutakukentiku/shoenehou_assets/img/library/R1tyuudaikibosyousaisetumeikaitext.pdf）を加工して作成

BELSの取得のメリットとデメリット

BELSは第三者評価機関（民間検査機関）において省エネ性能を評価され、星や家マークの数で表示されるため、環境性能の専門知識がない人でもわかりやすいのが特徴です。新築住宅の取得を検討中の個人の方やオフィスビルに入居を検討している企業の理解を得やすいと言えます。高評価を取得することで不動産市場での評価が高まり、市場競争力の向上につながります。

市場での評価は投資家や金融機関の判断の一助となり、融資判断へ好影響・金利優遇などが期待されます。BELSを取得することで、「第三者が省エネ性能を証明している優良物件」としてテナントの評価を得ることができ、リーシングや賃料増額の交渉に有利に働く可能性があります。賃料上昇や利回り低下など不動産価格の上昇を期待できるため、各種取引において取得していない物件よりも有利となるでしょう。不動産価値の向上により、売買時の価格向上にも期待できます。

ただし、BELSは省エネルギー性能に特化した評価であり、総合的な環境性能を評価するものではありません。また、認定の有効期限は設けられていませんが、取得時点の建築物の省エネ性能を評価しているものであり、時間経過による変化がないことを保証するものではありません。

図37 BELS取得のメリット

①
環境不動産認定
第三者評価機関において環境性能を評価され、★の数で表示されるためわかりやすい。

②
投資・融資判断材料の一助
投資家や金融機関の判断の一助となり、融資判断へ好影響・金利優遇などが期待される。

③
売買時のアピール材料
環境不動産は、今後、より、売買時のアピール材料につながる可能性が高い。

④
不動産鑑定評価などによる価格上昇の可能性
賃料上昇や利回り低下などで不動産価格が上昇する可能性がある。

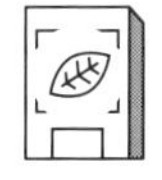
環境不動産
（グリーンビルディング＝ESG不動産）

or

そうでない不動産

出典：環境・省エネルギー計算センター

総合的な環境性能認証：CASBEEとは？

CASBEEは、省エネ性能に加え室内の快適性や景観への配慮なども含めた、不動産の環境性能を総合的に評価するシステムです。

「新築建築物」と「既存建築物」で評価が変わるCASBEE

CASBEE（建築環境総合性能評価システム）とは、環境に対する品質と環境への負荷から採点し、BEEと呼ばれる建築物の環境性能効率から算定して評価するシステムです。省エネルギーや環境負荷の少ない資機材の使用といった環境配慮だけでなく、室内の快適性や景観への配慮なども含めた建築物全体の品質を総合的に評価します。

〈BEEの計算式〉
建築物の環境性能効率 ＝（建築物の環境品質）÷（建築物の環境負荷）

図38 BEEに基づく環境ラベリング

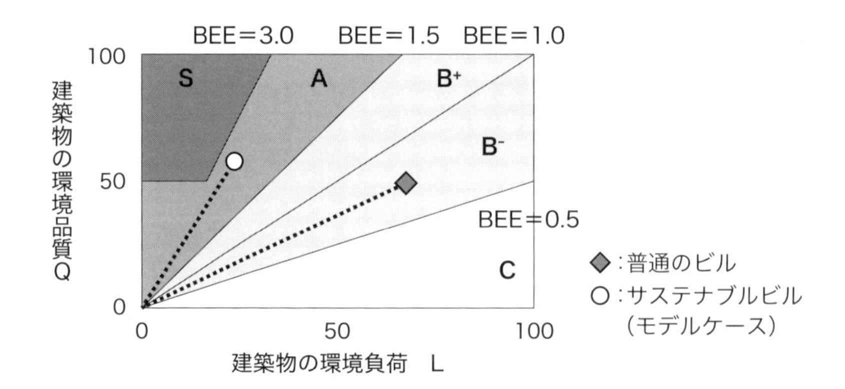

出典：（一財）住宅・建築SDGs推進センター（IBECs）「評価の仕組みと環境効率（BEE）」
https://www.ibecs.or.jp/CASBEE/CASBEE_outline/method.html

CASBEEは2001年4月に国土交通省住宅局の支援により設立され、以降継続的に開発とメンテナンスを行っています。

建築物の環境に対する様々な側面を客観的に評価するという目的から、

- 建築物のライフサイクルを通じた評価ができること
- 「建築物の環境品質(Q)」と「建築物の環境負荷(L)」の両側面から評価すること
- 「環境性能効率」の考え方を用いて新たに開発された評価指標「BEE(建築物の環境性能効率)」で評価すること

という3つの理念に基づいて開発されています。また、評価結果が「Sランク（素晴らしい）」から、「Aランク（大変良い）」「B+ランク（良い）」「B－ランク（やや劣る）」「Cランク（劣る）」という5段階のランクで示されることも特徴です。

評価対象の種類に応じて、「建築」「不動産」「戸建」「街区」「ウェルネスオフィス」など複数の種類があり、これらを総称して「CASBEEファミリー」と呼ばれます。また、新築建築物か既存建築物かによって評価項目が変わり、新築建築物は「CASBEE-建築（新築）」、既存建築物は「CASBEE-不動産」のマニュアルに沿って評価を進めることが一般的です。

図 39 CASBEE ファミリー図

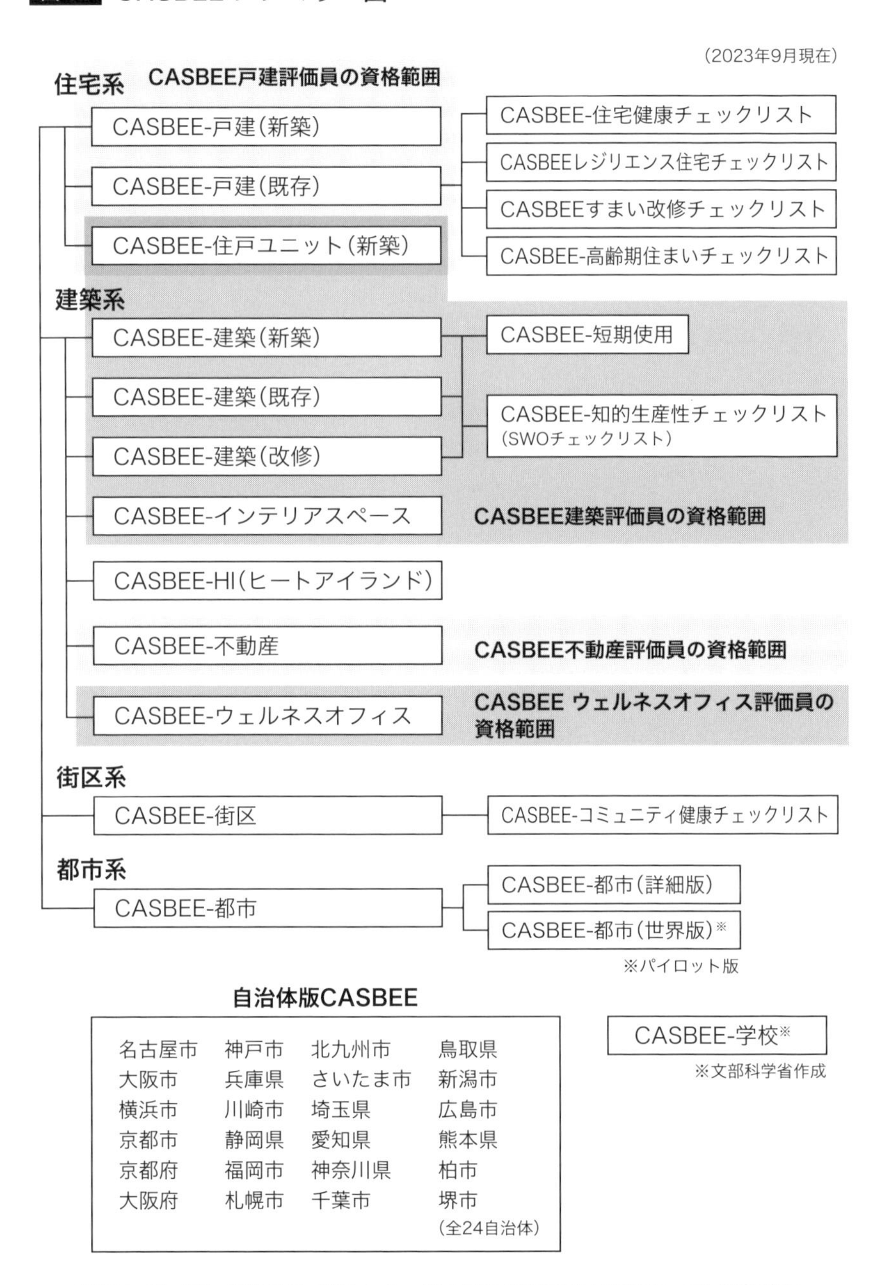

出典:(一財)住宅・建築 SDGs 推進センター「CASBEE の最新動向と評価マニュアルの改訂概要」

CASBEE-建築

CASBEE-建築は、戸建住宅を除く全ての用途に適用可能な評価システムです。

建築物の「環境品質」と「環境負荷」に含まれる項目についてそれぞれ採点し、採点結果を基に、BEEと呼ばれる「環境性能効率」を指標として評価されます。環境品質の向上だけでなく、環境負荷を下げることが高評価につながることをインセンティブとしている点が特徴です。

環境品質と環境負荷はレベル1～5の5段階評価で、最低基準を満たしている場合がレベル「1」、一般的な技術・社会水準に相当する場合をレベル「3」としています。

評価ランクは、「BEEの値」及び「建築物の環境品質スコア」によってS・A・B＋・B－・Cの5段階で評価されます。各所へのアピールを目的とするのであれば、A以上のランクが必要だとされています。

図40 CASBEE「建築」の評価ランク

ランク	評価	BEE値・環境品質スコア
S	素晴らしい	BEE値が3.0以上かつ環境品質スコアが50以上
A	大変良い	BEE値が1.5以上3.0未満
B＋	良い	BEE値が1.0以上1.5未満
B－	やや劣る	BEE値が0.5以上1.0未満
C	劣る	BEE値が0.5未満

出典：環境・省エネルギー計算センター「CASBEE「建築」の評価」
https://www.ceec.jp/column/casbee-evaluation/

CASBEE-不動産

「CASBEE-不動産」とは、既存の建築物が「環境配慮をしているかどうか」を数値化して、4段階のランクで評価し、投資家、金融機関、不動産会社、ビルオーナー、仲介会社などの不動産マーケット関係者が参考にする指標です。

先述したCASBEE-建築は環境面への品質や負荷を正確に測る目的に対し、CASBEE-不動産は不動産マーケットの関係者が短期で簡略的に不動産をブランディングできるツールとして利用されています。

「CASBEE-不動産」評価認証を取得すると、環境性能に優れた物件であることのアピールにつながり、賃料上昇や物件利回り低下などが期待されるメリットがあります。ただ、申請にあたり専門会社を活用する費用が発生するため、実際に申請をする前に「どのランクになるか知りたい」「そもそも取得できるのか」というご質問も多数寄せられています。

そこで、弊社では、オンラインで「CASBEE-不動産」のセルフチェックができる「CASBEE不動産取得のための支援ツール」の無料提供をしています。

本システムは、お客様自身が不動産の情報を入力していただくことで、「CASBEE-不動産」の評価基準達成可否や該当ランクをセルフチェックすることができ、申請時の判断に役立ちます。

図41 CASBEE-不動産取得のための支援ツール

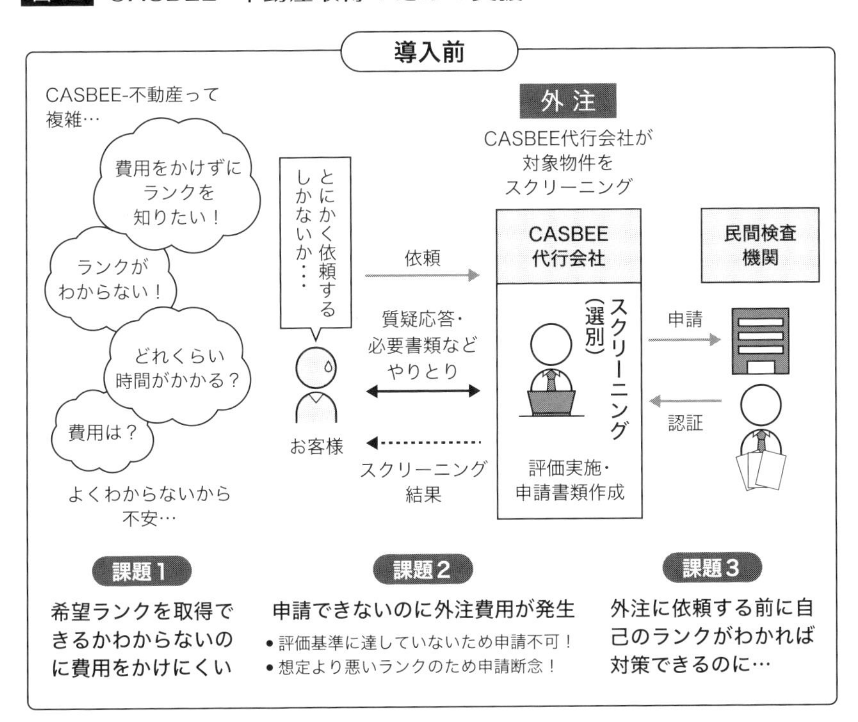

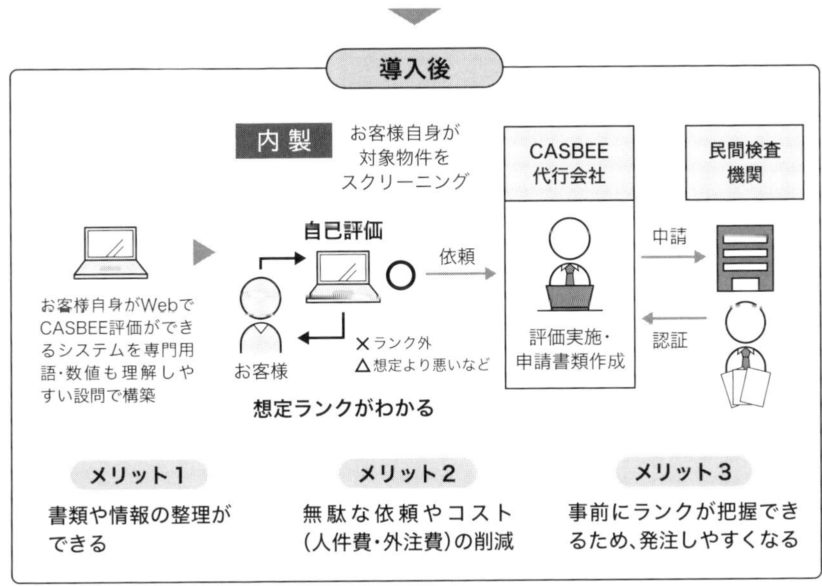

出典：環境・省エネルギー計算センター　https://casbee-self-assessment.ceec.jp/

2-4 | Environment | Social | Governance |

非住宅のBELS計算にはモデル建物法と標準入力法の計算方法がある

非住宅の建築物の省エネ計算の方法には、「モデル建物法」と「標準入力法」の２種類があり、BELSの取得にはどちらも活用可能です。

BELS取得のための２つの計算法

既存建築物のBELSは最近まで国が補助金を出して取得を推進しており、また、新築時の省エネ適合性判定の延長で取得するBELSの場合、追加の審査はほとんどありません。審査費用も数万円程度で取得可能なため、新築時のBELSの取得はおすすめです。

省エネ計算の方法には、「モデル建物法」「標準入力法」の２つと、他に「小規模版モデル建物法」があり、「標準入力法」はもっとも精度が高く、「モデル建物法」「小規模版モデル建築法」の順に精度が下がります。ただ、「小規模版モデル建物法」の適用範囲は床面積300㎡未満の建物に限られ、省エネ適合性判定やBELSには使えません。したがって、省エネ計算のほとんどは、「モデル建物法」と「標準入力法」の２つの方法で行われます。

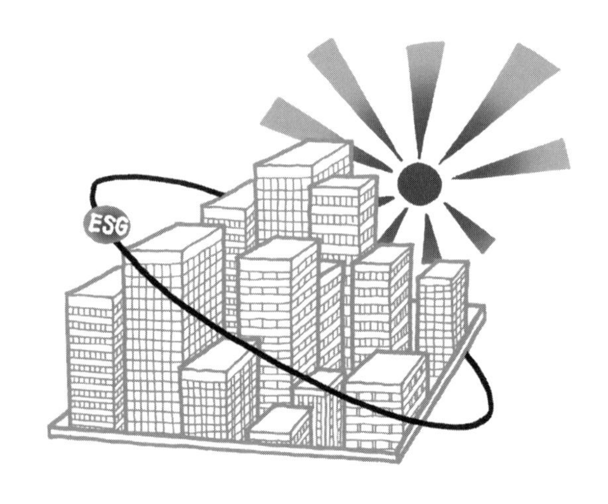

図42 省エネ基準に基づく評価方法の概要（非住宅）

評価方法		標準入力法	モデル建物法	小規模版 モデル建物法
特徴		建物の全ての情報を室毎に詳細に入力して計算する精緻な評価方法	建物の用途毎にモデル建物を用いて計算する簡易な評価方法	モデル建物の入力項目を大幅に削減して計算するより簡易な評価方法
計算ツール		WEBプログラム（非住宅版）【室毎に入力】	WEBプログラム（非住宅版）【建物用途毎に入力】	WEBプログラム（非住宅版）【建物用途毎に入力】
外皮性能	外皮面積	各部位を計算する	各部位を計算する	計算しない（床面積に基づき自動計算）
	部位毎の外皮性能	各部材の熱伝導率等より部位の外皮性能を計算	各部材の熱伝導率等より部位の外皮性能を計算	各部位の主な断熱材と開口部の仕様を選択
	計算結果	BPI (PAL*)	BPIm (PAL*)	—
一次エネ性能	設備毎の性能・仕様	設置するすべての設備の性能・仕様等を入力	設置するすべての設備の性能・仕様等を入力	設置する主な設備の種類・仕様を選択
	計算結果	BEI	BEIm	BEIs
留意点		—	—	・300㎡未満に限る ・性能向上計画認定、BELS等には活用不可

精緻／作業量大 ◀────▶ おおまか／作業量小

＊平成28年4月1日に現に存する建築物の部分

出典：国土交通省「省エネ性能に係る基準と計算方法」（令和2年6月版）
（https://shoenehou-online.jp/doc/text_5_0806.pdf）を加工して作成

モデル建物法とは

モデル建物法とは、国が過去の実績を用いて建物用途毎にモデル化したデータを活用し、主たる室用途に設備機器の情報を入力する、簡易計算方式です。最も多くの省エネ適合性判定で利用されています。適合性判定機関に提出されている案件の90％以上はモデル建物法で計算されており、法律で定められた適合性判定が目的であればモデル建物法で問題ないです。モデル建物法は、モデルに沿った計算を行うため、省エネ計算資料作成にかかる時間や経費などを削減できます。また、省エネ基準工事監理報告書の確認項目が少ないため、工事監理の手間が比較的かからないというメリットがあります。既存建築物においてBELSを取得する際、高ランクを目指さず認証取得だけが目的であればモデル建物法で対応できます。

図43 仕様を入力する外皮及び設備の範囲

<table>
<tr><th>モデル建物の選択肢</th><th>外皮</th><th>空調</th><th>換気</th><th colspan="3">照明</th><th>給湯</th><th>昇降機</th><th>太陽光</th><th>コージェネ</th></tr>
<tr><td>事務所</td><td rowspan="25">外気に接する部位　ただし地盤に接する外壁等は対象外</td><td rowspan="25">全て</td><td rowspan="25">機械室・便所・厨房・駐車場</td><td>事務室</td><td>–</td><td>–</td><td rowspan="16">洗面手洗い・浴室・厨房</td><td rowspan="26">全て</td><td rowspan="26">全て　ただし売電のために設置される太陽光発電設備は除く</td><td rowspan="25">代表建築物用途のみ入力</td></tr>
<tr><td>ビジネスホテル</td><td>客室</td><td>ロビー</td><td>レストラン</td></tr>
<tr><td>シティホテル</td><td>客室</td><td>ロビー</td><td>宴会場</td></tr>
<tr><td>総合病院</td><td>病室</td><td>診察室</td><td>待合室</td></tr>
<tr><td>クリニック</td><td>診察室</td><td>待合室</td><td>–</td></tr>
<tr><td>福祉施設</td><td>個室</td><td>診察室</td><td>ロビー</td></tr>
<tr><td>大規模物販</td><td>売場</td><td>–</td><td>–</td></tr>
<tr><td>小規模物販</td><td>売場</td><td>–</td><td>–</td></tr>
<tr><td>学校</td><td>教室</td><td>事務室・職員室</td><td>ロビー</td></tr>
<tr><td>幼稚園</td><td>教室</td><td>事務室・職員室</td><td>ロビー</td></tr>
<tr><td>大学</td><td>教室</td><td>事務室・研究室</td><td>ロビー</td></tr>
<tr><td>講堂</td><td>アリーナ</td><td>ロビー</td><td>–</td></tr>
<tr><td>飲食店</td><td>客席</td><td>–</td><td>–</td></tr>
<tr><td>集会所（アスレチック場）</td><td>運動室</td><td>ロビー</td><td>–</td></tr>
<tr><td>集会所（体育館）</td><td>アリーナ</td><td>ロビー</td><td>–</td></tr>
<tr><td>集会所（公衆浴場）</td><td>浴室</td><td>ロビー</td><td>–</td></tr>
<tr><td>集会所（映画館）</td><td>客席</td><td>ロビー</td><td>–</td><td rowspan="9">洗面手洗い・厨房</td></tr>
<tr><td>集会所（図書館）</td><td>図書室</td><td>ロビー</td><td>–</td></tr>
<tr><td>集会所（博物館）</td><td>展示室</td><td>ロビー</td><td>–</td></tr>
<tr><td>集会所（劇場）</td><td>客席</td><td>ロビー</td><td>–</td></tr>
<tr><td>集会所（カラオケボックス）</td><td>ボックス</td><td>–</td><td>–</td></tr>
<tr><td>集会所（ボーリング場）</td><td>ホール</td><td>–</td><td>–</td></tr>
<tr><td>集会所（ぱちんこ屋）</td><td>ホール</td><td>–</td><td>–</td></tr>
<tr><td>集会所（競馬場又は競輪場）</td><td>客席</td><td>ロビー</td><td>–</td></tr>
<tr><td>集会所（社寺）</td><td>本殿</td><td>ロビー</td><td>–</td></tr>
<tr><td>工場</td><td></td><td></td><td></td><td>倉庫</td><td>屋外駐車場又は駐輪場</td><td>–</td><td></td><td></td></tr>
</table>

出典：国土交通省国土技術政策総合研究所・国立研究開発法人建築研究所「エネルギー消費性能計算プログラム（非住宅版）モデル建物法　入力マニュアル」
（https://www.kenken.go.jp/becc/documents/building/Manual/modelv3_manual_20230403.pdf）
を加工して作成

標準入力法とは

標準入力法は、対象建築物に設ける全ての部屋単位で床面積、設備機器の内容、外皮性能などの情報を用いて計算を行う最も詳細な計算法です。

モデル建物法の場合、用途に応じて計算シートをわけて計算をしますが、標準入力法の場合は部屋単位で入力を行うため、複数用途の建築物であっても、一つの計算シートだけで省エネ計算を行うことができます。

詳細な計算を行うため、モデル建物法よりも数値が1割から2割程度良くなる可能性があり、BELSで星の数を上げたい（高ランク）場合に有効です。しかし、部屋数が多い建築物では多くの計算を行わなければいけないため、入力が煩雑になり、時間と経費がかかります。

建築物の完了検査においても、モデル建物法と反対に計算対象の全ての部屋の確認が必要となるため、適合性判定機関に支払う手数料もその分高くなり、設計時に確認しなくてはならない項目も増えます。

図44 省エネ基準に基づく評価方法の概要(非住宅)

評価方法	モデル建物法	標準入力法
特徴	建物の用途ごとにモデル建物を用いて計算する簡易的な評価方法	建物の全ての情報を部屋ごとに詳細に入力することで計算を行う精緻な評価方法
対象部分	主たる部屋のみ	全ての部屋
メリット	・入力項目が少なく、わかり易い内容 ・費用が安く、確認済証取得に十分対応可能	・高評価の計算結果が得やすい ・複合用途であっても、一度の計算で評価可能
デメリット	・比較的保守的な計算結果(低め)となる ・複合用途の場合は、それぞれでモデル建築法による計算が必要	・対応できる専門会社が少ない ・時間とコストがかかる
費用水準	–	規模によるが、モデル建物法の1.5倍から2倍程度

出典：環境・省エネルギー計算センター「【2022年最新】非住宅の省エネ計算法における“モデル建物法”と“標準入力法”の違いとは？」
https://www.ceec.jp/column/model-or-standard/

建築基準法上の建物用途全てに「モデル建物の選択肢」が用意されているため、ほとんどの建築物でモデル建物法での対応が可能です。完了検査でも確認項目が少なくすむため、ほとんどの事例でモデル建物法を活用しています。しかし、モデル建物法で省エネ適合性判定上の数値が基準に満たなかった場合（BEI≦1.0をクリアできない）、標準入力法で再計算しなければならないケースとなる可能性があるため、注意が必要です。

2つの計算方法を併用するケースが主流になってきている

新築時の省エネ適合性判定を行う場合、着工前に一度計算して、適合しているか判定します。省エネ計画書の内容に根本的な変更が生じた場合は、変更計画書を提出して、再度省エネ適合性判定を受ける必要があります。建築物省エネ法上の軽微な変更が生じた場合は、軽微変更該当証明書の提出が必要です。

図45 計画変更（省エネ適合性判定）の流れ

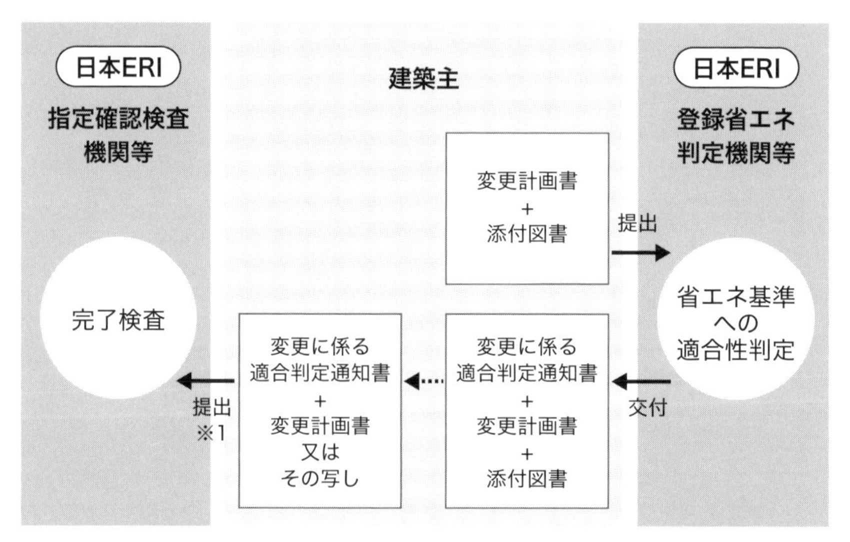

※1　ERIに確認申請と省エネ適合性判定をワンストップで申請している場合は提出不要です。

出典：日本ERI株式会社　@ERI倶楽部　省エネ関連　省エネ適判冊子

計算数値に余裕がなく、変更がギリギリまで行われるのであれば都度計算、余裕があれば完了検査の１～２ケ月前まで再計算を行うのが通常の流れです。

つまり、変更にかかる計算を行う際も、当初行った計算方法を採用しなければなりません。最初に、「標準入力法」で省エネ適合性判定をした場合は、変更にかかる計算も「標準入力法」を採用しなければなりません。

標準入力法は、ほぼ全ての設備機器が計算の対象となるため、変更にかかる再計算でも、モデル建物法に比べて1.5倍から2倍くらい手間とコストがかかってしまいます。

建築工事においては、竣工引渡し前のスケジュールがタイトなため、完了検査前の再計算で時間を費やすのは大きなリスクです。

また、対象となる設備機器が多いことで、監理と現場での不整合が生じる可能性もあるので、注意が必要です。

これを避けるために最近注目される手法として、モデル建物法と標準入力法を併用するケースがあります。

簡単に言うと、適合性判定はモデル建物法を使い、省エネの数値を上げるときに標準入力法を使うという方法です。

例えば、新築の非住宅の建築物でBELSやその上のZEBを取得したいと考えていた場合、BELSやZEBの申請と共に、法律上の適合性判定を受けなければいけません。

ですが、数値を上げるために標準入力法を使い、それを適合性判定にも採用してしまうと、前述したように変更が生じた際にも標準入力法を使う必要があり、手間がかかってしまいます。

そのため、適合性判定のための計算はモデル建物法、BELS取得のための計算は標準入力法を使うという省エネ計算の併用パターンが使われることが増えているのです。

ちなみに賃貸マンションのほとんどは省エネ基準を満たしておらず、BELSも取得していません。

その理由は、省エネ性能の高さによるメリットを賃借人に説明できず、賃料に転換できないからです。エンドユーザーへ売買する分譲マンションは、省エネ性能の高さやBELSを取得していることを売りにできますが、賃貸の場合、賃借人が省エネ性能の高さに魅力を感じることは極めて稀です。そのため、省エネ基準を満たす場合、建築費が上がってしまい、その分を賃料などで回収することが難しいためです。

省エネ性能を高くするためには、性能の高い設備を導入する必要があるため、必然的に建築費用が増えます。そのため、賃料も上げざるを得ないのですが、多くの賃貸人は省エネ性能よりも賃料の低さを重視するため、メリットにならないのです。

2025年4月から新築建築物は省エネ基準に適合させる必要があるため、来年以降は徐々に共同住宅のBELS取得が増えていくことが予想されます。

図46 モデル建物法と標準入力法の違い

標準入力法は建物の各室毎に計算を行います。そのため、モデル建物法よりも手間、時間、コストはかかりますが、計算精度は上がり、高ランクが期待できます。

モデル建物法	標準入力法
法律上の省エネ基準(省エネ適合判定)を満たせればいい	BELS、ZEBで高ランクを目指す物件
建物単位で計算を行う	各室毎に計算を行う

〈モデル建物法と標準入力法の比較〉

モデル建物法	比較項目	標準入力法
低	計算精度	高
低(安全側・不利側)	ランク	高
小	手間	大(約1.5倍以上)
小	時間	大(約1.5倍以上)
小	コスト	大(約1.5倍以上)
小	審査	大(約1.5倍以上)

簡易計算	比較項目	詳細計算
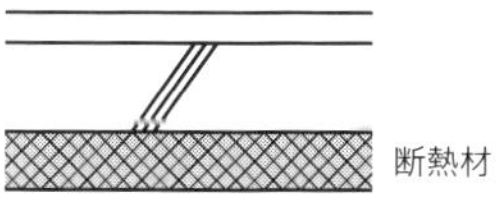 断熱材のみ拾う(屋根、外壁) 1階床は拾わない	外皮	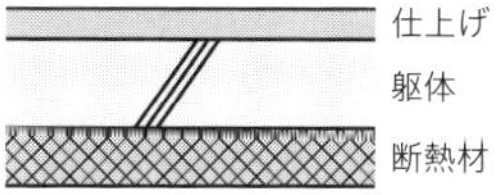 屋根、外壁、1階床 全て拾う
室外機のみ	空調設備	室外機及び室内機
小規模(φ1,100V)は対象外	換気設備	基本全て拾う
対象室のみ対象	照明設備	基本全室が対象
機器単位のみ入力	給湯設備	利用者を考慮して詳細に入力

出典:環境・省エネルギー計算センター

2-5 | Environment | Social | Governance |

新築時の省エネ計算(モデル建物法)でBELSを取ったあとでも星は上げられる

モデル建物法で適合性判定と一緒に取得することが多いBELSですが、竣工後に星を上げることも可能です。

BELSの高ランク取得は必要か

現在、政府は「脱炭素社会に向けた住宅・建築物における省エネ対策等のあり方・進め方に関するロードマップ」において、2030年度までに「新築される住宅・建築物についてはZEH/ZEB基準の水準の省エネ性能が確保されていると共に、新築戸建住宅の6割において太陽光発電設備が導入されていること」としています。

ZEB/ZEHはBELSの上位互換です。住宅・非住宅共にBELSで高い評価を得るレベルでなければ、ZEB/ZEHの評価を取得することはできません。したがって、将来を見越してBELSの高ランク取得を目指す姿勢は重要だと言えるでしょう。

BELSで高ランクを目指すのであれば、標準入力法による省エネ計算が有利です。しかし、前述したように、標準入力法ではほぼ全ての設備機器の計算が必要です。モデル建物法の数倍の時間がかかり、費用も1.5倍以上となります。省エネ計算だけでなく、検査機関による審査も同様です。また、確認項目が多いため、工期が長引くという懸念も生じます。

さらに、標準入力法で評価した場合は工事後の完了検査での「省エネ基準工事監理報告書」の確認項目が大変多くなります。

例えば、事務所用途の「照明」をモデル建物法で評価した場合は、用途が事務所の室のみを確認しますが、標準入力法で評価した場合は建物全ての室を確認しなければなりません。

省エネ適合性判定の取得を目的として、とりあえずモデル建物法で計算するという方法が取られているのはこのためです。

しかし、BELS取得を見据えて新たに建築する物件であれば、初期段階から高評価を獲得できる仕様を考えて設計することが重要です。モデル建物法で高評価を取得することで、あとで星を上げる場合にも有利に働くでしょう。

BELSの星を上げる方法

BELSは新築・既存いつでも申請が可能です。したがって、モデル建物法である程度のランクを見据えたあとで、場合によっては設備などの見直しを行い、標準入力法で再度計算をすることで星を上げることもできます。

また、複数用途建築物における一部の「建物用途」でZEBを取得する場合、モデル建物法と標準入力法を併用して計算を行う事例もあります。

「建物用途」で50%以上削減する必要があるため計算方法は標準入力法を用い、一方、「建築物全体（評価対象外を含む非住宅部分）」は20%以上削減とハードルが低いためモデル建物法を採用します。

これは大規模な建築物（10,000㎡以上）が対象となり、建物全体と建物用途毎の評価手法は全て同一であることが条件です。また、CASBEEなど別の評価手法では不可となります。

星を上げるなら標準入力法を選ぶべきですし、法律上の省エネ適合性判定の場合はモデル建物法で問題ないと言えます。どちらを選ぶかはBELSを取得する企業のポリシーがどちらにあるかによると言えるでしょう。

しかし、標準入力法には意外な落とし穴もあります。

例えば、冷暖フリーという高機能の設備があります。

これは冷房を使用したときに発生した熱を暖房使用時に利用するため、省エネ効果を発揮できます。

ですが、現在の標準入力法では、冷暖フリーを省エネ性能の高い設備として計算することができない仕様になっているため、評価されず、ただの消費エネルギーが過剰な設備にしかなりません。

機器自体は高性能にもかかわらず、建築物省エネ計算上、性能を正しく考慮されないものがあり、それをいかに評価していくかが今後の課題と言えるでしょう。ただ、これらの対応は数年以内には行われると予想され、動向を注視することが必要です。

いずれにせよ、2050年に政府が目標に掲げる建築物のストック平均ZEB/ZEH化を見据えると、高ランクを目指す動きは今後も増えるでしょう。竣工後に高ランクを取得するためには、テナントが入っている状態で省エネ改修しなければならず、高いハードルです。新築時点で高ランクの取得を目指した設計の動きが増えるのではないでしょうか。

図47 BELSのランク

評価（星マーク）	再エネ設備がない住宅	再エネ設備がある住宅・非住宅
★★★★★★		0.5 ≧ BEI
★★★★★		0.6 ≧ BEI > 0.5
★★★★	0.7 ≧ BEI	0.7 ≧ BEI > 0.6
★★★	0.8 ≧ BEI > 0.7	0.8 ≧ BEI > 0.7
★★	0.9 ≧ BEI > 0.8	0.9 ≧ BEI > 0.8
★	1.0 ≧ BEI > 0.9	1.0 ≧ BEI > 0.9
なし	1.0 < BEI	1.0 < BEI

※BEI＝1次エネルギー消費量
出典：環境・省エネルギー計算センター「BELS評価基準」https://www.ceec.jp/service/bels/

モデル建物法で仕様を入力する外皮及び設備の範囲

モデル建物法では、評価対象建築物の外皮及び設備の仕様を入力することにより評価を行いますが、評価対象建築物にある全ての外皮及び設備の仕様を入力するわけではありません。入力する項目は適用するモデル建物によって異なります。

BELSのランクは具体的にどうやって上げていくのか？

BELSのランクを上げるには、エネルギー消費性能と断熱性能のそれぞれについて上げる必要がありますので、その手法を解説します。

BELS評価の表示

2024年4月に建築物の省エネ性能表示制度が改正・施行され、BELS評価の表示方法も新しくなりました。

BELS評価により取得できる様式は、

- 省エネ性能ラベル
- BELS評価書
- BELSプレート
- BELSシール

があります。

新しくなった表示方法では、これらそれぞれに表示されるZEBやZEHなどの分類がマークだけで判別可能となります。

建築物の販売・賃貸を行う事業者は、建築物の販売・賃貸の際には、告示で定める「省エネ性能ラベル」を用いて省エネ性能を表示することが必要です。

ラベルには「エネルギー消費性能」「断熱性能」「目安光熱費」が記載されます。「エネルギー消費性能」「断熱性能」は星と家のマークで表示され、それぞれのマークが増えるほど省エネ性能が高いことを示します。

住宅と非住宅の「BELS評価書」については、省エネ性能ラベルには表示されていないBEIの数値や削減率などの詳細な情報の他、省エネ基準、誘導基準の達成状況、ZEHなどに関する情報が記載されます。

このことから、BELSの評価において「エネルギー消費性能」と「断熱性能」が重要視されていることがわかります。ランクを上げるためには、この二つの性能を高めることが重要です。

図48 省エネ性能ラベル(出典に記載の資料ページ画像)

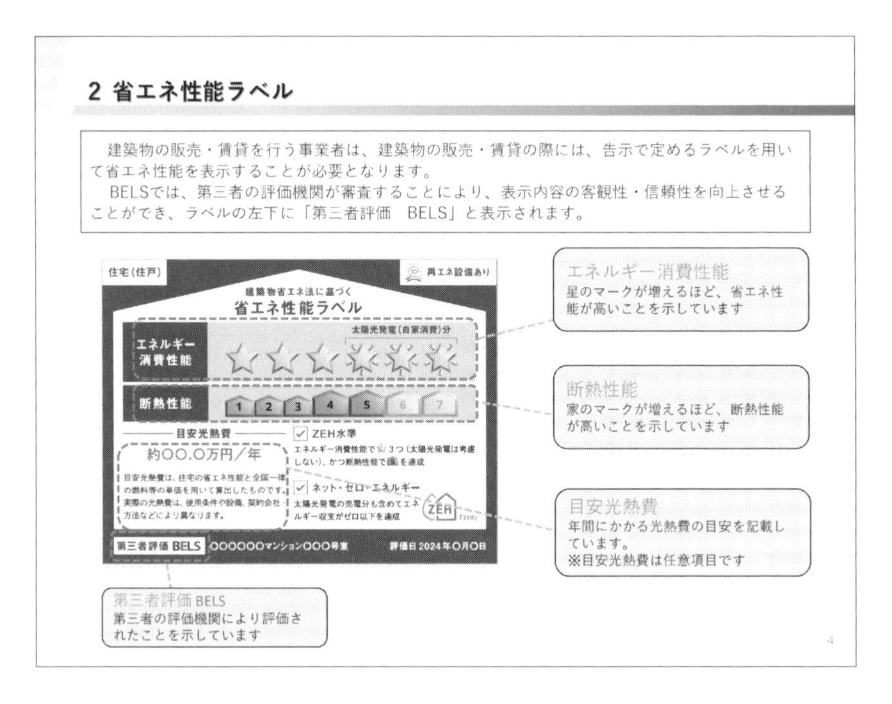

出典:(一社)住宅性能評価・表示協会「2024年4月以降のBELS(第三者評価)制度」2023年11月版
https://www.hyoukakyoukai.or.jp/shouene_hyouji/pdf/bels_3rd_party_evaluation2311.pdf

図 49 BELS 評価書(住宅(住戸))(出典に記載の資料ページ画像)

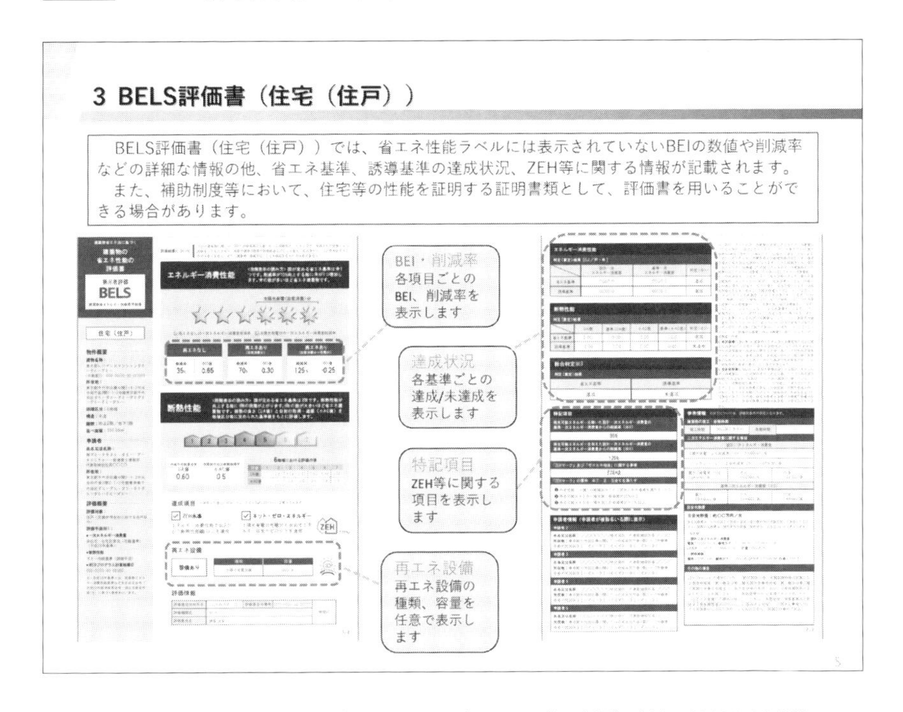

出典：(一社) 住宅性能評価・表示協会「2024年4月以降のBELS(第三者評価)制度」2023年11月版
https://www.hyoukakyoukai.or.jp/shouene_hyouji/pdf/bels_3rd_party_evaluation2311.pdf

図 50 BELS 評価書(非住宅)(出典に記載の資料ページ画像)

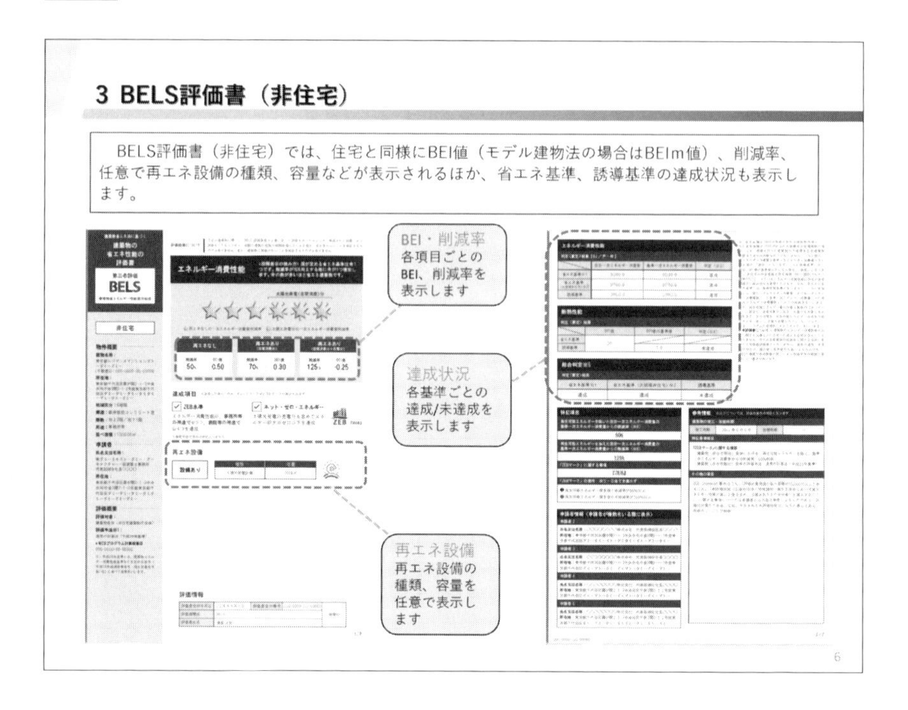

出典：(一社) 住宅性能評価・表示協会「2024年4月以降のBELS(第三者評価)制度」2023年11月版
https://www.hyoukakyoukai.or.jp/shouene_hyouji/pdf/bels_3rd_party_evaluation2311.pdf

住宅のBELSのランクを上げる方法

住宅のBELSのランクを上げる場合は、「エネルギー消費性能」であれば高効率の機器を、「断熱性能」であれば高性能の断熱材やサッシを使用することで計算値を上げることが可能です。

ですが、実際に全てを高性能とすることは難しいため、「エネルギー消費性能」であれば、数値に不利な機器を使用しないなど、設備の選択が重要になります。

また、住宅におけるBELSの高ランクを目指す場合は、ZEHの取得を意識するとよいでしょう。

ZEH住宅の認定基準は、BELSの家マークが5以上、つまり、地域にもよりますが断熱性能を強化外皮基準「UA値0.6～0.4以下」にする必要があります。

強化外皮基準とは建物の壁や断熱材などを含めた外皮の断熱性能の基準のことです。計算値の向上には、無断熱の箇所やRC造やS造では熱橋の発生をなくすための断熱材の施工や熱橋部への断熱補強が行われます。

具体的には、高性能の断熱材やサッシの採用、窓や扉など開口部の断熱、断熱効率の高い間取り、気密性能の向上などです。

新築の場合は設計段階から断熱性能の効率を考慮することが重要です。特に、断熱材は種類によって断熱効果が異なります。断熱材を選ぶ際には、ZEH基準を満たす性能を備えているのか確認しましょう。

次ページの図51①の「熱伝導率λ」は、熱の伝えやすさを表す値です。ZEH基準を満たすためには、熱伝導率の低い断熱材を選ぶことが重要です。「熱抵抗値R」は「熱の伝わりにくさ」を示す値で、「熱伝導率」と「断熱材の厚み」から算出されます。熱抵抗値が高いほど高断熱な建築物となります。

省エネ性能については、ZEH住宅の認定基準の一つに、エネルギー性能消費が★3以上、つまり「基準一次エネルギー消費量から20%以上の一次エネルギー消費量削減」があります。冷暖房、給湯、換気、照明などはエネルギー消費量が高く、これらを省エネ効率の高い機器にすることで、一次エネルギー消費量の削減が可能です。

ただ、全ての機器を高性能にできるかといえば難しい場合も多く、数値が大きく不利になる機器を使用しない意識も重要となります。例えば、一次エネルギー消費量の計算において電気ヒーター給湯温水暖房機や電気ヒーター床暖房は不利な数値が出てしまいます。このような機器を避けるだけでも計算値が改善します。

図51 現況の確認で断熱仕様が特定できない場合の断熱性能の評価

①断熱材種類まで判別できる場合の最低水準値

断熱材の分類	断熱材種類	熱抵抗値R (㎡・K/W)	熱伝導率λ (W/(m・K))	厚さd
発泡プラスチック系	A種ビーズ法ポリスチレンフォーム保温板	0.23	0.043	10ミリ
	A種押出法ポリスチレンフォーム保温板	0.50	0.040	20ミリ
	A種フェノールフォーム保温板	0.58	0.026	15ミリ
	A種高発泡ポリエチレンフォーム保温板	0.59	0.042	25ミリ
	A種硬質ウレタンフォーム保温板(ボード品)	0.29	0.024	7ミリ
	吹付け硬質ウレタンフォーム(現場発泡品)	0.38	0.026	10ミリ
繊維系	グラスウール	1.00	0.050	50ミリ
	ロックウール	1.31	0.038	50ミリ
吹込み用繊維系	吹込み用グラスウール	1.92	0.052	100ミリ
	吹込み用ロックルール	2.12	0.047	100ミリ
	吹込み用セルロースファイバー	2.50	0.040	100ミリ

②断熱材の分類しか判別できない場合の最低水準値

断熱材の分類	熱抵抗値R (㎡・K/W)	熱伝導率λ (W/(m・K))	厚さd
発泡プラスチック系	0.23	0.043	10ミリ
繊維系	1.00	0.050	50ミリ
吹込み用繊維系	1.92	0.052	100ミリ

出典：国土交通省「表示・評価方法基準（省エネ）における検討方針」
（https://www.mlit.go.jp/common/001041923.pdf）を加工して作成

非住宅のBELSのランクを上げる方法

非住宅のBELSのランクアップの場合も、今後の国の政策や不動産ESG投資対策を考えると、ZEBの実現を見据えておいた方がいいでしょう。

環境省が「ZEBを実現するための技術」として挙げているのが「エネルギーを減らすための技術（省エネ技術）」と「エネルギーを作るための技術（創エネ技術）」です。①「パッシブ技術」によってエネルギーの需要を減らし（省エネ）、②どうしても必要となる需要については「アクティブ技術」によってエネルギーを無駄なく使用し（効率的利用）、③そのエネルギーを「創エネ技術」によって賄うといったステップで検討していきます（図52）。

具体的には、外皮性能の見直しにより断熱性能（躯体や断熱材の熱貫流率を下げる）を向上させ、空調設備など設備機器の見直しを図るという対策が取られています。

図52 ZEBを実現するための技術

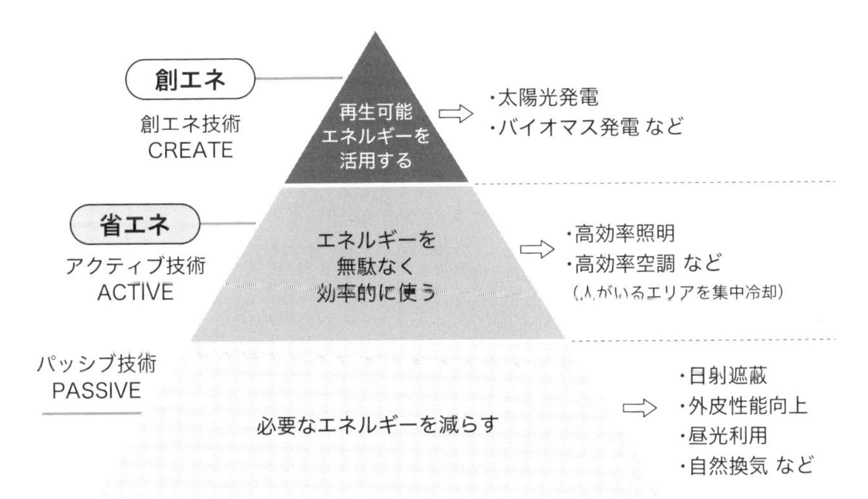

出典：環境省「ZEB PORTAL（ゼブ・ポータル）」
（https://www.env.go.jp/earth/zeb/detail/06.html）を加工して作成

パッシブ技術(PASSIVE):省エネ

【外皮断熱】

外皮断熱とは、建物の室内と屋外の境界となる外皮（屋根、壁、床など）部分を、熱が伝わりにくい（熱伝導率が低い）素材でできた高性能断熱材を用いて施工することで、熱の出入りを抑制し、無断熱の建物に比べて室内温度を快適に保つために必要なエネルギーを少なくする技術です。

この技術では、高性能断熱材を用いることで、夏期には日射熱などの侵入を防ぎ、冬期には室内の熱が外へ逃げてしまうことを防ぎます。冷暖房のエネルギー消費効率を高め、建物の表面温度と室温の差を少なくし、室内の温度差や温度むらを防ぎます（図53）。

図53 断熱材による効果のイメージ

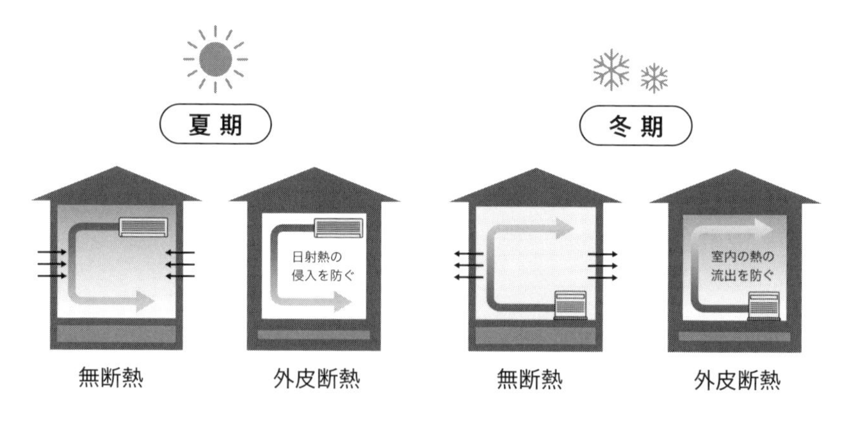

出典：環境省「ZEB PORTAL（ゼブ・ポータル）」（https://www.env.go.jp/earth/zeb/detail/06.html）を加工して作成

【高性能断熱・遮熱窓】

また、外皮の中でも最も熱の出入りが多いのは、建物の開口部です。そこで、断熱性能が高い「複層ガラス」を採用することで、熱の出入りを抑制することができます。

【日射遮蔽】

日射遮蔽とは、屋根や外壁、窓から侵入する日射を遮蔽し、冷房負荷を抑制するための技術です。夏期においては日射熱の7割が窓ガラスから侵入するので、窓ガラスにおける日射遮蔽対策が特に重要となります。一方で冬期は日射熱を取り込むことで暖房負荷の抑制につながります。夏と冬では要求が相反しますが両方に対応できる対策を考えることが重要です。

【自然採光】

太陽光は自然採光として室内照明の利用を減らし、エネルギー消費量を削減することができます。窓から直接明かりを取り入れる方法の他に、建物の窓面の中段に「ライトシェルフ」を設置し、上面で太陽光を反射させ、より多くの光を室内の天井部に取り入れて室内を明るくする手法や、天井部に高反射率鏡面を用いたダクトを設けて、外光が直接届かない室内奥まで自然光を運ぶ「光ダクトシステム」があります（図54）。

図54 自然採光手法の例（ライトシェルフ）

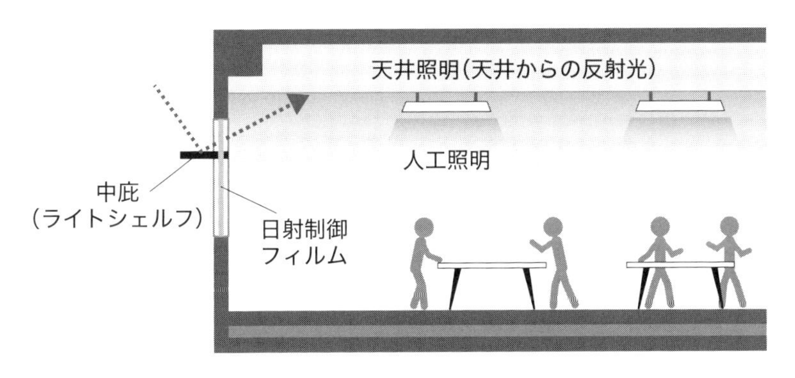

出典：環境省「ZEB PORTAL（ゼブ・ポータル）」（https://www.env.go.jp/earth/zeb/detail/06.html）を加工して作成

これらの断熱性能向上技術は、地域区分によっては断熱性能（熱貫流率）を向上させ、日射取得性能（日射熱取得率）を向上させた場合、必ずしも省エネになるとは限りません。これらの性能のバランスを、地域に応じて適切に取り入れることが必要です。

アクティブ技術（ACTIVE）：効率的利用

「高効率空調」と「高効率照明」の技術を用いて必要なエネルギーを効率的に利用します。

「高効率空調」は、オフィスビルでエネルギー消費量の大部分を占める空調に関して、効率性の高い設備を採用し、適切な制御を行うことでエネルギー消費量を削減します。一般的なオフィスビルにおいて、エネルギー消費量全体の中で最も大きな割合を占めているのが、空調システムなので、削減の重要性は非常に高いといえます。実現には、「熱源設備の高効率化」「熱搬送設備の高効率化」「空調機設備の高効率化」などの技術で、エネルギー消費量の削減を図ります。

熱源設備の高効率化では、中央熱源方式の場合はチリングユニットやターボ冷凍機・吸収式冷凍機などが、個別熱源方式の場合はパッケージエアコン、ビル用マルチエアコンなどが熱源機として用いられることで、より効率的な熱源機の採用でエネルギー消費量の削減が可能です。

熱搬送設備の高効率化について、熱搬送に要するエネルギーは流量に比例し、揚程（ようてい）（ポンプが流体を揚げる高さ）の２乗に比例します。また、搬送できる熱量は温度差と流量に比例します。

対策例としては、①ファンまたはポンプの出入り口温度差を一定とし、熱負荷の変化に応じてインバーターで風量や流量を変化させることでファンやポンプの搬送動力を削減、②空調空気の吹き出し温度差、熱媒が冷水の場合は冷水の出入り口温度差（往復の温度差）を通常のシステム（空調吹き出し温度差10℃、冷水出入り口温度差５℃）よりも大きく取り、流量を減らすことでファンとポンプの搬送動力を削減、③建物形状を考慮しながら、設備機器の配置や搬送経路を工夫して、揚程を可能な限り小さくすることで圧力損失を抑制、④消費電力の小さい高効率ファンやポンプを用いることで搬送動力を削減——という方法があります。

空調機設備を高効率化してエネルギー消費量を削減するための対策とし

ては、温度と湿度を別々に調整する潜熱・顕熱分離方式空調システムや、温度・湿度だけでなく、人が感じる快適性に着目した放射冷暖房空調システムなどの新たな空調機システムなどが挙げられます。

従来の一般的な空調機システムは、温度・湿度だけで室内の温熱環境を調整します。しかし、実際に人が感じる快適性は、温湿度だけでなく、対流、放射、着衣量、代謝量などにも影響されることがわかっています。放射冷暖房空調システムは、「放射（物質を介さず温度の高い方から低い方へ熱が伝わる熱の移動）」の効果を利用して、建物利用者の体感を調整することで、無駄な冷房や暖房を避けて省エネルギーを実現するシステムです。従来の空調よりも快適性の向上も期待できます。

図55 高効率空調機システムの例(天井放射冷暖房空調システム)

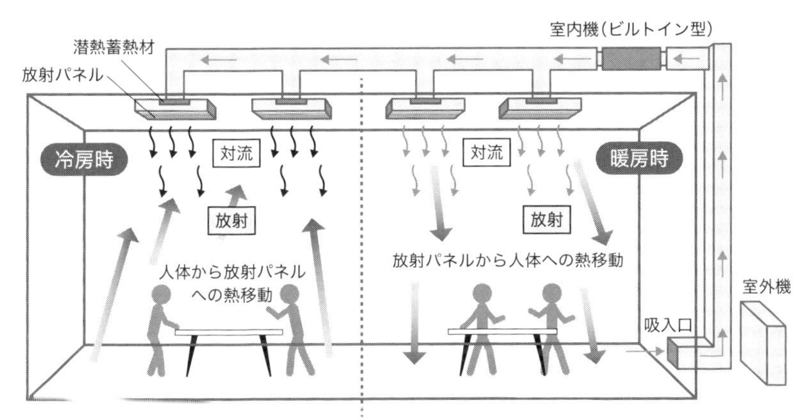

出典：環境省「ZEB PORTAL（ゼブ・ポータル）」
（https://www.env.go.jp/earth/zeb/detail/06.html）を加工して作成

「高効率照明」では「照明器具の高効率化」が有効です。昨今では、LED照明の普及が急速に進んでいます。白熱灯照明や蛍光灯照明の発光効率が、それぞれ15lm/W程度、75lm/W程度であるのに対し、LED照明は100lm/W程度となっており、LED照明を採用することでエネルギー消費量の削減につながります。この他、給湯設備について、効率の良い機器、またはより性能の良い保温仕様の採用、自動給湯栓などの採用によるエネルギー消費量の削減、昇降機についてギアレスや回生のあるエレベーターを採用する方法があります。

創エネ技術（CREATE）

「創エネ技術」は、再生可能なエネルギーの生成や活用のための技術です。代表的なものに太陽光発電システムがあります。太陽からの光エネルギーの恩恵は、地域によって差はあるものの、あらゆる場所で受けられることから、創エネルギー技術の中でも最も汎用化が進んでいます。

オフィスビルに導入することで、勤務時間と発電時間が重なるため、電力を太陽光発電で賄うことができます。災害時の電力確保が可能となり、防災や安全など社会課題の解決にもつながります。

最近では建物の屋上だけではなく、壁面や窓に導入する「建材一体型太陽光発電システム」の開発が進んでいます。発電システムを全体に導入することで、建築物のエネルギー自給率を高めることが可能です。

図56 太陽光発電システムの構成

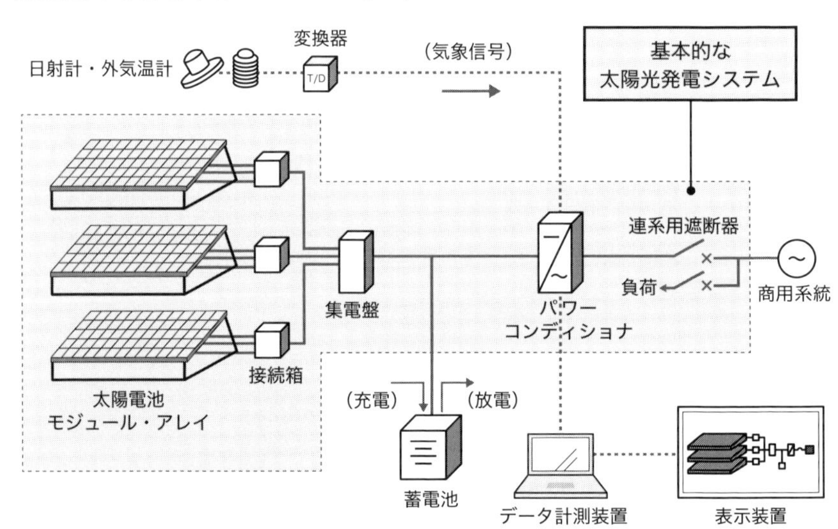

出典：環境省「ZEB PORTAL（ゼブ・ポータル）」
（https://www.env.go.jp/earth/zeb/detail/06.html）を加工して作成

新築ではない既存の建築物でもZEB化は可能

既存の建築物には、長期の改修工事が困難であることや、設備システムを大きく変えることができないなどの、新築時にはない課題が存在します。

省エネ性能を大幅に高めるには、最先端技術の使用が必須と思いがちですが、既に使われている技術を使うことで、ZEB化が実現されているケースも多いのです。

環境省によると、8割以上の建築物で使われているLED照明や太陽光発電などの省エネ技術は既に使われている汎用的な技術のようです。そのため、ZEB化の実現には、必ずしも最新の技術を駆使する必要はありません。

図57 改修ZEBに導入されている主な要素技術

区分		技術	導入率
パッシブ技術		外皮断熱(屋根、外壁、床等)	◎
		外皮断熱(開口部)	○
		日射遮蔽(ルーバー・庇・ブラインド等)	△
アクティブ技術	空調	高効率空調機(PAC、EHP、GHP)	◎
		高効率空調機(RAC)	△
		全熱交換器	△

※導入率：◎ 80%以上　○ 50～79%　△ 20～49%
※環境省補助事業に採択された既存建築物の導入技術を集計

区分		技術	導入率
アクティブ技術	照明	LED照明器具	◎
	換気	高効率ファン	△
	給湯	高効率ヒートポンプ給湯器	△
	受変電・コンセント	高効率トランス	△
		蓄電池	○
	エネマネ	BEMS	○
創エネ技術		太陽光発電	◎

(参考)改修ZEBでは導入率が低いが、新築ZEBでは多く導入されている技術

- 昼光利用システム
- 放射空調システム
- ナイトパージシステム
- タスク&アンビエント照明システム
- 高効率エレベータシステム　等

出典：環境省「ZEB PORTAL（ゼブ・ポータル）」
（https://www.env.go.jp/earth/zeb/detail/12.html）を加工して作成

そもそも最先端の技術は多くのケースで、通常の省エネ適合性判定やBELSの計算においても「未評価技術」として算入できません。いくら性能に優れた最新の機器を使っても、評価されていないと意味がありません。

そのため、現状においては従来の技術、というよりも同等の能力で消費電力が少ない機器（空調、換気、給湯、照明共通）を改修時に選択することでZEB化に近づけることができます。

また、新築当時の機器選定において安全率を意識し過ぎ、過剰スペックとなっている可能性があるため、建物に合った能力を再検討することでBEIの評価が向上する可能性もあります。

建築物をZEB化することで、CO2や光熱費などの削減が見込まれ、不動産価値の向上も期待できます。「既存の建物だから難しそう」「最先端の技術が必要になるから莫大な費用がかかりそう」などと感じるかもしれませんが、想定しているよりも簡単に、しかも費用がそれほどかからずにできる可能性もありますので、検討する価値があるでしょう。

また、環境省の「ZEB PORTAL（ゼブ・ポータル）」のサイトには、改修ZEB事例が掲載されています。ZEBの分類やイニシャルコストとランニングコストについても記載されているため、参考にされるとよいでしょう。

コラム

ZEB/ZEHはBELSと同じ「省エネ計算」だった

実はZEB/ZEHをBELSと別物だと思っている人は意外と多いようで、弊社にも問い合わせがあります。

ZEB/ZEHはBELSを取得する際に、一定の基準以上のエネルギー消費性能及び断熱性能があり、申請書にZEB/ZEHを取得したい旨を記載することで、ZEBやZEHを取得できます。

ただし、適合性判定の結果を持ってBELSを申請する場合、多くのケースで民間検査機関の審査料が追加でかかり、ZEBの申請にはさらに追加で費用が発生します。

ZEB/ZEHはBELS取得が前提です。取得したい場合はBELSの申請が必要となります。

弊社では、BELSの取得が希望であった場合でも、ZEBやZEHの取得が可能な数値の場合は、取得を提案することもあります。審査機関が同じなので、取得できるのであれば同時に取得した方が、効率が良いです。

弊社では、基準到達の足を引っ張っている箇所の指摘や、変更の検討などの提案を行います。反対にZEB/ZEHの取得が目的の場合はより良い変更提案をすることもあります。ZEB/ZEHの取得可否は、一度弊社にご相談ください。

図 58 ZEBの定義

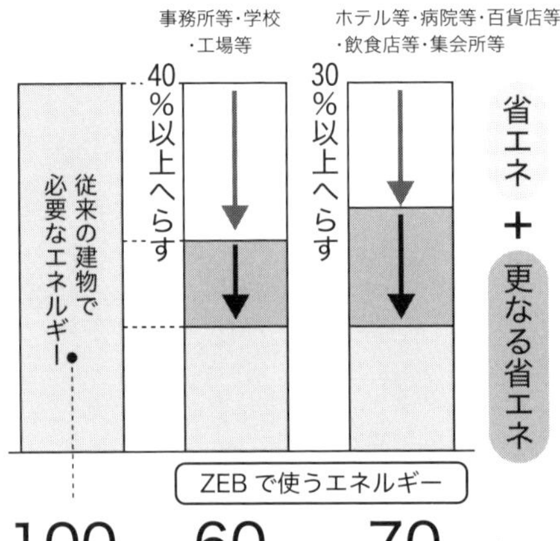
ZEB Oriented（ゼブオリエンテッド）
延べ面積が 10,000㎡以上の建物
省エネで用途毎に限定する削減量を達成
＋未評価技術＊ 導入によるさらなる省エネ
事務所等・学校・工場等
ホテル等・病院等・百貨店等・飲食店等・集会所等
従来の建物で必要なエネルギー
40%以上へらす
30%以上へらす
省エネ
＋
更なる省エネ
ZEBで使うエネルギー
100%
60%以下
70%以下
＊WEBPROにおいて現時点で評価されていない技術

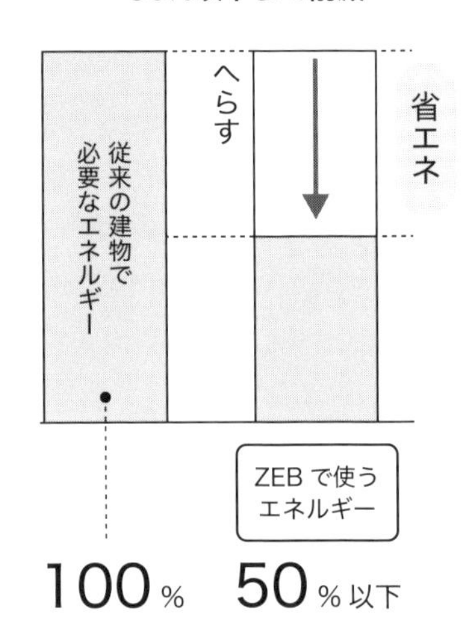
ZEB Ready（ゼブレディ）
省エネで
50%以下まで削減
従来の建物で必要なエネルギー
へらす
省エネ
ZEBで使うエネルギー
100%
50%以下

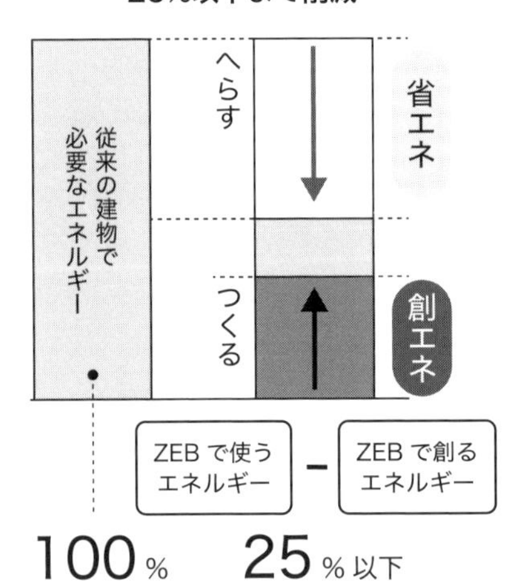
Nearly ZEB（ニアリーゼブ）
省エネ＋創エネで
25%以下まで削減
従来の建物で必要なエネルギー
へらす
つくる
省エネ
創エネ
ZEBで使うエネルギー
−
ZEBで創るエネルギー
100%
25%以下

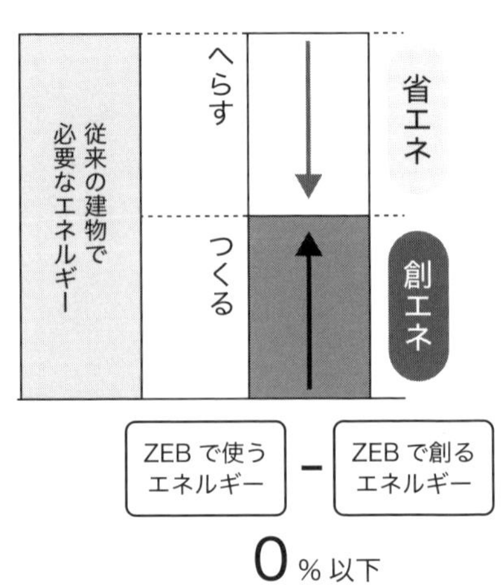
『ZEB』（ゼブ）
省エネ＋創エネで
0%以下まで削減
従来の建物で必要なエネルギー
へらす
つくる
省エネ
創エネ
ZEBで使うエネルギー
−
ZEBで創るエネルギー
0%以下

	ZEB	Nearly ZEB
定性的な定義	年間の一次エネルギー消費量が正味ゼロまたはマイナスの建築物	ZEBに限りなく近い建築物として、ZEB Readyの要件を満たしつつ、再生可能エネルギーにより年間の一次エネルギー消費量をゼロに近付けた建築物
定量的な定義(判断基準)	以下の①～②のすべてに適合した建築物 ①基準一次エネルギー消費量から50%以上の削減(再生可能エネルギー*を除く) ②基準一次エネルギー消費量から100%以上の削減(再生可能エネルギー*を含む)	以下の①～②のすべてに適合した建築物 ①基準一次エネルギー消費量から50%以上の削減(再生可能エネルギー*を除く) ②基準一次エネルギー消費量から75%以上100%未満の削減(再生可能エネルギー*を含む)

	ZEB Ready	ZEB Oriented
定性的な定義	ZEBを見据えた先進建築物として、外皮の高断熱化及び高効率な省エネルギー設備を備えた建築物	ZEB Readyを見据えた建築物として、外皮の高性能化及び高効率な省エネルギー設備に加え、更なる省エネルギーの実現に向けた措置を講じた建築物
定量的な定義(判断基準)	再生可能エネルギー*を除き、基準一次エネルギー消費量から50%以上の一次エネルギー消費量削減に適合した建築物	以下の①及び②の定量的要件を満たす建築物 ①該当する用途毎に、再生可能エネルギーを除き、基準一次エネルギー消費量から規定する一次エネルギー消費量を削減すること(※1) A) 事務所等、学校等、工場等は40%以上の一次エネルギー消費量削減 B) ホテル等、病院等、百貨店等、飲食店等、集会所等は30%以上の一次エネルギー消費量削減 ②「更なる省エネルギーの実現に向けた措置」として、未評価技術(WEBPROにおいて現時点で評価されていない技術)を導入すること(※2)

*再生可能エネルギー量の対象は敷地内に限定し、自家消費分に加え、売電分も対象に含めることとする。
※1 一次エネルギー消費量の対象は、平成28年省エネルギー基準で定められる空気調和設備、空気調和設備以外の機械換気設備、照明設備、給湯設備及び昇降機とする(「その他一次エネルギー消費量」は除く)。また、計算方法は最新の省エネルギー基準に準拠した計算方法又はこれと同等の方法に従うこととする。
※2 未評価技術は公益社団法人空気調和・衛生工学会において省エネルギー効果が高いと見込まれ、公表されたものを対象とする。なお、未評価技術のリストは、今後、評価方法の更新や未評価技術の実証結果等を踏まえつつ、必要に応じて適宜見直すこととする。

出典：環境省「ZEB PORTAL(ゼブ・ポータル)」
(https://www.env.go.jp/earth/zeb/detail/01.html) を加工して作成
※経済産業省資源エネルギー庁「ZEBロードマップ検討委員会とりまとめ」(平成27年12月)、経済産業省資源エネルギー庁「ZEBロードマップフォローアップ委員会とりまとめ」(平成31年3月) をもとに作成

図 59 ZEH の定義イメージ

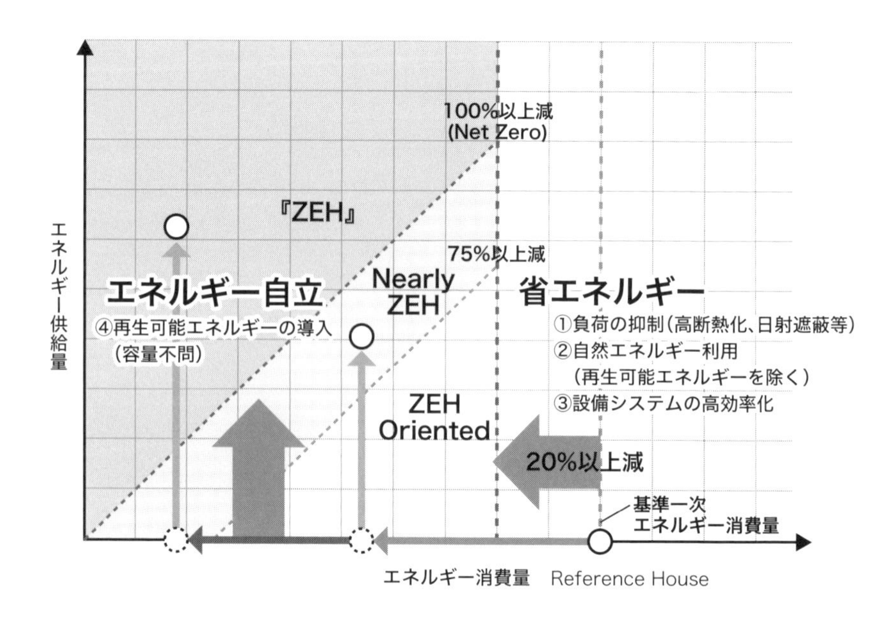

表：外皮平均熱貫流率（UA値）の基準

地域区分	1地域（旭川等）	2地域（札幌等）	3地域（盛岡等）	4地域（仙台等）	5地域（つくば等）	6地域（東京等）	7地域（鹿児島等）	8地域（那覇等）
ZEH基準	0.40	0.40	0.50	0.60	0.60	0.60	0.60	-

出典：経済産業省資源エネルギー庁　「ＺＥＨの定義（改定版）＜戸建住宅＞」（2019 年 2 月）（https://www.enecho.meti.go.jp/category/saving_and_new/saving/assets/pdf/general/housing/zeh_definition_kodate.pdf）を加工して作成

Environment | Social | Governance

第 3 章

既存建築物は
どんな環境性能認証を
取ればよいか？

3-1 | Environment | Social | Governance |

その建物の認証はBELSか？CASBEEか？

どの環境性能認証を取得するかは、建物の規模、目的によって異なります。難易度やコストを考慮しながら、中長期的な戦略を練ることが大切です。

BELSとCASBEEの違い

BELSとCASBEEはどちらも省エネ計算が必要な環境性能認証です。しかし、BELSは省エネ計算のみで取得可能、CASBEEは評価項目の一つが省エネ計算であり、この他にも多くの評価項目があります。取得のためには、かかる時間もコストも違い、難易度も異なるため、規模や目的によって慎重に選択する必要があります。

入札条件にもなるCASBEE認証

新築時のCASBEEは、民間検査機関が審査するCASBEE認証と、CASBEE自治体とで手続きの方法が大きくわかれます。

民間のCASBEE認証の場合、取得ランクにもよりますが、取得期間は3～6ケ月、代行費用は数百万円かかります。

さらに、高ランクを取得する場合は、設計、建築材料や設備などを変更する可能性が出てきます。この場合、発注などのスケジュール調整が必要となり、計画的に対応する必要があります。

自治体CASBEEは、延床面積2,000㎡を超える建物で、かつ建設地の自治体において求められている場合、評価の提出が必要です。現在25の地方自治体で実施されています（東京都は独自の「東京都環境計画書」を実施、122ページの図60）。

着工の21日前（自治体によっては確認申請の21日前）までにCASBEE届出書を提出する義務があります。提出していない場合は届出義務違反になるため注意が必要です。代行費用は数十万円、期間は数週間～2ケ月程度（自治体の審査次第）になります。

自治体CASBEEがない建設地の建築物や、延床面積が2,000㎡以下の建築物は、CASBEEの取得は任意となり、取得する場合は民間のCASBEE認証となります。昨今は、投資家対応・アピールを目的とした不動産ファンドやREIT、また、公共施設などの入札の条件、学校などでCASBEEの取得が求められる場合があります。

コラム

不動産ESG情報を集めるためのポイント

一般的なESG担当者が行っている情報収集について、解説します。

REITやファンドといった企業の中では、不動産証券化協会（ARES）の機関誌や「月刊プロパティマネジメント」といった不動産に関する専門誌が回覧されています。そういった専門誌では、最新の環境認証取得状況や各種データ、トレンドなどの情報が満載です。

ただ、こういった専門誌では、環境性能認証の事例や流行の情報を集めることはできても、取得申請の実務に関する情報は掲載されていません。

弊社への相談は、まさに実務関連で困っている状況であり、この場合本書でまとめている内容を説明しています。

本書を読むことである程度は理解が可能ですが、物件事例は多種多様です。疑問な点や不安な点などがありましたら、お気軽にご相談ください。

図60 地方自治体版CASBEEの連絡先と届出期日

No.	自治体名	施行日	連絡先	届出期日
1	名古屋市	Apr-04	住宅都市局建築指導部建築指導課建築物環境指導係(建築物環境配慮制度のページ)	工事着手予定日の21日前まで
2	大阪市	Oct-04	都市計画局建築指導部建築確認課(CASBEE大阪みらいのページ)	工事着手予定日の21日前まで
3	横浜市	Jul-05	建築局建築指導部建築企画課(横浜市建築物環境配慮制度 おしらせのページ)	確認申請予定日の21日前まで
4	京都市	Oct-05	都市計画局建築指導部建築審査課(CASBEE京都のページ)	工事着手予定日の21日前まで
5	京都府	Apr-06	地球温暖化対策課 (特定建築物排出量削減計画・報告・公表制度のページ)	工事着手予定日の21日前まで
6	大阪府	Apr-06	住宅まちづくり部建築指導室審査指導課建築環境・設備グループ(建築物の環境配慮制度のページ)	工事着手予定日の21日前まで
7	神戸市	Aug-06	住宅都市局建築指導部建築安全課 (CASBEE神戸のページ)	集合住宅:確認申請予定日の21日前まで 集合住宅以外:工事着手予定日の21日前まで
8	川崎市	Oct-06	まちづくり局指導部建築指導課(川崎市建築物環境配慮制度(キャスビー川崎)のページ)	確認申請予定日の21日前まで
9	兵庫県	Oct-06	県土整備部住宅建築局建築指導課(兵庫県建築物環境性能評価制度のページ)	工事着手予定日の21日前まで
10	静岡県	Jul-07	くらし・環境部建築住宅局建築安全推進課建築確認検査室(CASBEE静岡のページ)	工事着手予定日の21日前まで
11	福岡市	Oct-07	住宅都市局建築指導部建築審査課(福岡市建築物環境配慮制度のページ)	工事着手予定日の21日前まで
12	札幌市	Nov-07	環境局環境都市推進部エコエネルギー推進課(札幌市建築物環境配慮制度(CASBEE札幌)のページ)	工事着手予定日の21日前まで
13	北九州市	Nov-07	建築都市局指導部建築指導課(北九州市建築物総合環境性能評価制度のページ)	工事着手予定日の21日前まで
14	さいたま市	Apr-09	建設局建築部建築総務課(建築物環境配慮制度のページ)	工事着手予定日の21日前まで
15	埼玉県	Oct-09	都市整備部 建築安全課 建築指導担当(埼玉県建築物環境配慮制度についてのページ)	工事着手予定日の21日前まで
16	愛知県	Oct-09	建設部建築局住宅計画課建築環境グループ(CASBEEあいちのページ)	工事着手予定日の21日前まで
17	神奈川県	Apr-10	環境農政局環境部環境計画課(建築物温暖化対策計画書制度のページ)	確認申請予定日の21日前まで
18	千葉市	Apr-10	都市局建築部建築情報相談課構造設備班(千葉市建築物環境配慮制度のページ)	着工前まで
19	鳥取県	Apr-10	生活環境部くらしの安心局住まいまちづくり課 (鳥取県建築物環境配慮計画制度のページ)	工事着手予定日の21日前まで
20	新潟市	Apr-10	建築部建築行政課(新潟市建築環境総合性能評価制度のページ)	確認申請予定日の10日前まで
21	広島市	Apr-10	都市整備局指導部建築指導課(建築物環境配慮制度のページ)	工事着手予定日の21日前まで
22	熊本県	Oct-10	土木部建築課(建築物環境配慮制度のページ)	工事着手予定日の21日前まで
23	柏市	Jan-11	都市部建築指導課(柏市建築物環境配慮制度のページ)	工事着手予定日の21日前まで
24	堺市	Aug-11	建築都市局開発調整部建築安全課(CASBEE堺のページ)	工事着手予定日の21日前まで
25	東京都	Nov-02	「東京都建築物環境計画書制度」ヘルプデスク(建築物環境計画書制度のページ)	建築確認申請等及び認定申請の日まで

出典：環境・省エネルギー計算センター

省エネ適合性判定物件ならBELSが取得しやすい

本書執筆時点（2024年11月）において、省エネ適合性判定の対象物件は300㎡以上の非住宅です。省エネ適合性判定とBELSの審査は同じため、両方を同時に取得することができます。しかも、省エネ適合性判定物件であれば、省エネ適合性判定からの追加審査はほとんど必要なく、BELS認証費用も数万円程度で取得できます。そのため、省エネ適合性判定の対象物件であれば、BELSを取得するのが最も効率的です。

一方、役所への省エネ届出だけですむ、300㎡以上の住宅（共同住宅含む）でBELSを取得する場合は、役所へ省エネ計算書を提出すると共に、別に民間検査機関でのBELS取得を目指すことになります。この場合、民間検査機関の審査はかなり厳格となり、省エネ届出と比較して、1.2～1.5倍の手間やコスト、期間がかかる場合があります。

ただし、2025年4月からは、原則全ての新築する建築物について省エネ基準適合が義務付けられ、省エネ計算が必要です。民間検査機関の省エネ適合性判定の審査が必須となり、さらに国は建築物に対してBELS取得の推進や、上位互換であるZEB/ZEH基準を求める提言をしており、BELSの必要性は今後拡大していくものと思われます。

図61 省エネ適合性判定に必要な提出書類

No.	提出書類
1	以下のいずれかの書類 ①省エネ計画書 ②通知書（計画通知の場合）
2	設計図書（設計内容説明書、各種図面、仕様書、各種計算書、機器表、系統図、設備図、制御図など）
3	委任状兼同意書
4	その他、連絡用書類

出典：環境・省エネルギー計算センター「省エネ適合性判定（省エネ適判）とは？費用や対象、必要書類について専門家が徹底解説」
https://www.ceec.jp/column/shouene_tekihan/

図62 BELS評価に必要な書類

BELS申請書類	
BELSに係る評価申請書	
設計内容(現況)説明書	
申請添付図書	
・付近見取図	・断面図
・配置図	・各部詳細図
・仕様書	・機器表
・各階平面図	・設備仕様書
・床面積求積図	・設備平面図
・立面図	・制御図 など
一次エネルギー消費量および外皮計算書	
BELSに係る評価物件掲載承諾書	
その他必要な書類 (外皮計算根拠資料、改修前のBEIに関する書類など)	

出典：環境・省エネルギー計算センター「BELSとは？評価項目やランクについても分かりやすく解説！」
https://www.ceec.jp/column/bels-about/

BELSとCASBEE、選択事例

環境性能認証としてポピュラーなBELSとCASBEEですが、「どちらがいいのか？」と質問を受けることがあります。

どちらも建築物の省エネルギー性能を評価するため、国土交通省のガイドラインで認められている第三者認証です。建築物の省エネ性能を評価する点では共通していますが、評価項目や評価方法は異なります。

BELSは建築物の省エネルギー性能を第三者評価機関によって評価・表示する制度です。外皮性能（建物の外部と接する部分の断熱性能や窓の性能など）と、一次エネルギー消費量（空調や照明などの設備のエネルギー消費量）から、環境への負荷を算出します。新築、既存どちらの建築物でも取得できます。

一方、CASBEEは、建築物の総合的な環境性能を客観的に評価するための制度です。BELSが建築物の省エネ性能に特化しているのに対し、

CASBEEは、省エネ性能だけでなく、緑化や耐震性、自然エネルギーの使用なども考慮し、より総合的に判断します。「BEE（建築物の環境性能効率、Built Environment Efficiency）」という評価基準を使用して5つの項目を総合的に評価し、建築物にランクを与えます。

どちらも、建築物の性能を客観的に評価するために役立ちますが、どちらかというと、建築物の省エネ性能を評価したい場合は、BELSが適しています。一方で、建築物の総合的な環境性能を評価したい場合は、CASBEEが適しています。

ただ、REITや不動産ファンドなどがKPIとして環境認証の取得を目指している、あるいは投資家へのアピールを目的として「環境に配慮した物件」を証明したい場合は、その物件の特徴によって判断することも可能です。

BELSかCASBEEかを判断する基準は以下の通りです。

①用途

BELSは全用途で取得することができますが、CASBEE-不動産はオフィス・物流施設・商業施設・共同住宅のみとなるため、それ以外の用途は必然的にBELSになります。

②有効期限

BELSに有効期限はありませんが、CASBEE-不動産は5年の有効期間があり、更新の場合は手間やコストがかかります。

③専門会社を活用した場合の担当者の手間

BELSは基本的に省エネ計算のための図面が揃っていれば申請できます。

CASBEE-不動産は同様に図面が必要ですが、総合的な環境性能認証ということもあり、5項目に合わせた資料を全て集めなければいけません。資料がない場合は新たに作成が必要です。（巻末付録213ページ参照）

④コスト

BELSは、用途、規模、建物形状、高性能な設備機器などによりコストが決定するため、規模や複雑さに比例して費用や手間がかかります。また、CADデータの有無によっても金額が変わります。

CASBEEは、用途数や延床面積によって段階的（～1万㎡、1～5万㎡、5万㎡～）に上がる仕組みとなっていますので、1万㎡くらいまでは同程度の費用です。

1～2万㎡を超えた場合はBELSの費用が上がるため、延床面積が1～2万㎡以上の申請はCASBEEを選択する物件が増える傾向にあります。ただし、工場・物流施設はその限りではありません。（CASBEEの申請手数料の詳細は136ページ参照）

⑤取得難易度

物件によって異なるので一概には言えませんので、BELSとCASBEEの両方に精通している会社に相談するのが得策です。

認証選択の例として、「2,000㎡のオフィス物件」で考えてみましょう。

まず、用途に関してはBELSとCASBEEのどちらも満たしています。有効期限は取得する企業の考え方次第ですが、更新の手間やコストを考慮するとBELSが有利と言えます。

必要な図面や資料が揃っていれば、担当者の手間はあまり変わりません。ただ、CASBEEの場合は、図面以外の資料が揃わない企業が多いようです。

次にコストですが、2,000㎡の規模であればBELSの方が低くなります。単純に物件だけで判断するというのであれば、2,000㎡のオフィスならBELSの取得をおすすめします。

BELSは近い将来、取得必須の環境性能認証となることが予想されます。建築物全体として、ZEB/ZEH基準への適応が進まなければ、早い段階で法規制が強化される可能性もあります。そうした背景を考えると、BELS取得の優先度は上げていくべきだと考えます。

3-2 | Environment | Social | Governance |

CASBEE-建築とCASBEE-不動産、どちらを取得する？

CASBEEは新築と既存建物で評価ツールが違います。CASBEEを取得する場合、建築物の種類によって、どちらを利用するか検討が必要です。

CASBEE-建築の取得のメリット

CASBEE-建築は、戸建住宅を除く全ての用途に適用可能です。建築の設計者が建築物の環境性能を正確に評価し、テナントや将来の売買の際の建築物の購入者などにアピールできます。

用途区分は「非住宅系用途」と「住宅系用途」に大きくわけられ、用途分類は9用途で、工場の評価では主に居住エリア（事務室など）を評価の対象とし、生産エリアは評価対象外になります。

また、住宅系用途に区分される建築物は、「住居・宿泊部分」とそれ以外の共用部分とにわけて評価を行うのが特徴です。

評価申請は、竣工後3年以内まで可能です。とはいえ、設計図など必要書類の整理が必要となるため、竣工後1年以内までが望ましいとされています。

設計及び施工が進む各段階で、目標性能または設計仕様や予測性能に基づき評価するため、各段階での改善検討などが可能なシステムです。このため、高ランクを目指す場合、着工前や工事に反映できるタイミングでの取得検討が望ましいでしょう。

耐震性や維持管理性などの評価項目があるため、災害時のリスク軽減や建物更新性向上につながります。室内環境の快適性なども評価しているため、オフィスの生産性向上が期待され、不動産価値の向上や賃料の上昇が可能です。

また、これから建築する建物の環境性能を示すことができるため、開発資金を投資家から集める際に優位に働きます。また、オフィスデベロッパーであれば、建物竣工前からテナントリーシングで、訴求力の高い営業活動が行えるというのもメリットです。

さらに、取得後はGRESBの評価項目の加点対象となり、既存の構造を再利用した改築や建て替えをした建築物でも取得することができます。

CASBEE-建築の種類

CASBEE-建築の評価には3つの種類があります。

①地方自治体版

条例に基づき、概ね一定規模以上（2000㎡以上）の建築物の新築などに対してCASBEE届出を義務付けています。

費用は数十万円程度と民間認証のCASBEE-建築に比べて格段に安いのですが、自治体によって対象となる物件規模が違う、あるいは提出期限が着工または確認申請の21日前までなど、多くの注意すべき点があります。

また、自治体版の根拠資料は、高い評価をした項目のみで作成をすることが可能といった特徴もあります。評価が基準以下の部分は資料を用意する必要がないので、その分手間も省けます。

②民間認証

民間認証は自治体版と違って、評価が高い項目も低い項目も全て根拠資料が必要です。そのため資料の収集や作成など手続きが煩雑となり、計算や申請にもかなりの時間を要します。申請費用も他の認証に比べると、数百万円とはるかに高額です。

図63 CASBEE-建築(新築)の評価対象建築物

用途区分	用途分類	含まれる用途
非住宅系用途	事務所	事務所、庁舎、郵便局など
	学校	小学校、中学校、高等学校、大学、高等専門学校、専修学校、各種学校など
	物販店	百貨店、マーケットなど
	飲食店	飲食店、食堂、喫茶店など
	集会所	公会堂、集会場、図書館、博物館、ボーリング場、体育館、劇場、映画館、ぱちんこ屋、展示施設など
	工場	工場、車庫、倉庫、観覧場、卸売市場、電算室など
住宅系用途	病院	病院、老人ホーム、身体障害者福祉ホームなど
	ホテル	ホテル、旅館など
	集合住宅	集合住宅(戸建ては対象外)

出典：環境・省エネルギー計算センター「CASBEE建築（新築）の評価方法とは？ BEEランクやライフサイクルCO2評価について詳しく解説！【2023年最新版】」
https://www.ceec.jp/column/casbee-kenchiku-shinchiku/

また、CASBEE-建築の拡張版ともいえる「CASBEE-短期使用」があります。仮設建築物のような短い期間での使用を目的とした評価ツールで、「愛・地球博」や「大阪・関西万博」のような大規模イベントで使用されます。こういったイベントで建設される建築物の中で、パビリオンタイプAと呼ばれる、参加者自らが建設する建築物にはCASBEE-短期使用のAランク以上が必須となっています。

弊社の事例では、「大阪・関西万博」に参加する複数のパビリオンのCASBEE-短期使用の取得があります。

【大阪・関西万博 CASBEE-短期使用対応事例】

物 件 名：某海外パビリオン
取得評価：CASBEE-短期使用 Aランク
種　　別：新築
構　　造：木造（一部鉄骨）

用　　途：展示場
規　　模：約3,000㎡

物件名：某テーマ館
取得評価：CASBEE-短期使用 Aランク
種　　別：新築
構　　造：木造＋RC造
用　　途：展示場・休憩所
規　　模：展示場 約1,200㎡、休憩所 約350㎡

CASBEE-不動産の取得のメリット

CASBEE-不動産は、既存不動産をマーケットで普及させるためのブランディングツールとして開発されました。

元々日本には、既存建築物の環境性能認証が普及しておらず、新築建築物が対象でした。また、CASBEE-建築は複雑な事務手続きが必要であり、時間的制約もネックとなり、難易度が高いという声もありました。そこで、既存建築物でも取得できる、シンプルで海外の認証とも互換性があり世界共通指標も意識したツールとして開発されたのが、CASBEE-不動産です。

取得することで、自社の物件が環境性能や快適性に優れている「グリーンビルディング」であることを証明し、国内外の投資家へのアピールが可能です。賃料上昇や物件利回り低下などが期待され、不動産価値向上につながります。

オフィス、物流施設、商業施設、共同住宅が対象となっており、竣工後、1年以上経過している物件にて取得可能で、3年以上の水道光熱費の値などの運用実績が必要です（場合によっては1年間の実績値）。

評価項目は、BREEAMやLEEDをはじめとする世界の環境性能認証の項目を意識して設定されている他、必須項目と加点項目の2種類から構成されています。

必須項目の全てを満たし、加点項目で一定の点数を得た建築物が認証されます。さらに、ビルオーナーと居住者やテナントが共同して運用エネルギー削減に取り組んでいる場合には加点されます。

加点項目は、できる限り項目数を少なくCASBEE-建築に比べて簡略化するという基本方針のもとで、21項目に留められています。点数は100点満点です。認証の取得には各項目の根拠資料が必要ですが、CASBEE-建築に比べ、短期間かつ低コスト（評価項目が5分の1程度）での評価認証取得が可能です。

既存建築物の運用段階で性能や評価改善のために取得する他、新築竣工後、あえてCASBEE-不動産を取得するという方法もあります。

どちらが良いかは、不動産のケースによります。適正な価格で適切なランクを取得するためには、資格保有者がいる専門会社の活用が安心です。

コラム

CASBEE-不動産の自社対応(内製化)を目指すべきか?

CASBEE-不動産の取得を目指す際、内製化を検討する場合もあると思います。私の知る会社でも内製化している会社はありましたが、担当者の退職によりできなくなりました。教育コストなどをかけて育てたものの、そのノウハウと共にいなくなってしまったのです。

ESGへの取組みが注目されている今、CASBEE-不動産などの経験を持つESG担当者はマーケットバリューが高いため、転職リスクは極めて大きいと言えます。

この会社では、そのようなリスクから、内製化をやめて、改めて専門会社を使ってCASBEE-不動産を取得しています。内製化すると、スピードやコスト面でメリットがありますが、一方で専門的な知識が担当者にたまるため、退職により取得・運用できなくなるリスクがあります。また、専門会社は、経験豊富で、少しでも高いランクを取るためのノウハウがあります。

もし、内製化を目指すのであれば、こういったメリット・デメリットを考慮に入れる必要があるでしょう。

図64 CASBEE-不動産 必須項目一覧(オフィス)

1	エネルギー／温暖化ガス	①省エネ基準のクリア ②エネルギー消費量の目標設定 ③モニタリングの実施 ④運用管理体制の構築
2	水	①水使用量の目標設定 ②モニタリングの実施
3	資源利用 / 安全	以下のいずれかを満たすこと ①新耐震基準に適合 ②構造耐震指標 Is 値 ＞ 0.6 ③倒壊危険度指標 If 値 ＜ 1.0
4	生物多様性 / 敷地	以下について適切な対策が行われていること ①外来生物法の特定外来生物 ②外来生物法の未判定外来生物 ③生態系被害防止外来種
5	屋内環境	以下①または②を満たすこと ①建築物環境衛生管理基準の準拠 ②衛生管理に関する質問票による評価

出典：(一財) 住宅・建築SDGs推進センター 「CASBEE-不動産 2024年版 評価マニュアル (試行版)」(https://www.jsbc.or.jp/research-study/casbee/tools/files/cas_MP/CASBEE-MP_2024Seat_ver1_20240802.pdf) を加工して作成

図65 CASBEE-不動産 加点項目一覧(オフィス)

1	エネルギー／温暖化ガス	1. エネルギー使用・排出原単位(計算値) 2. エネルギー使用・排出原単位(実績値) 3. 自然エネルギー	35点
2	水	1. 水使用量(計算値) 2. 水使用量(実績値)	10点
3	資源利用 / 安全	1. 高耐震・免震等 2. 再生材利用率・廃棄物処理付加抑制(当面は躯体・非構造材料のリサイクル材の使用品目数) 3. 躯体材料の耐用年数 4. 主要設備機能の更新必要間隔／設備の持久力向上／維持管理／バリアフリー	20点
4	生物多様性 / 敷地	1. 生物多様性の向上(当面は生物資源の保存・復元・管理、緑の量・質の確保) 2. 土壌環境品質／ブラウンフィールド再生 3. 公共交通機関の接近性 4. 自然災害リスク対策	20点
5	屋内環境	1. 昼光利用 2. 自然換気機能 3. 眺望・視環境	15点

出典：(一財) 住宅・建築SDGs推進センター 「CASBEE-不動産 2024年版 評価マニュアル (試行版)」(https://www.jsbc.or.jp/research-study/casbee/tools/files/cas_MP/CASBEE-MP_2024Seat_ver1_20240802.pdf) を加工して作成

図66 世界共通の指標をカバーするCASBEE-不動産のイメージ

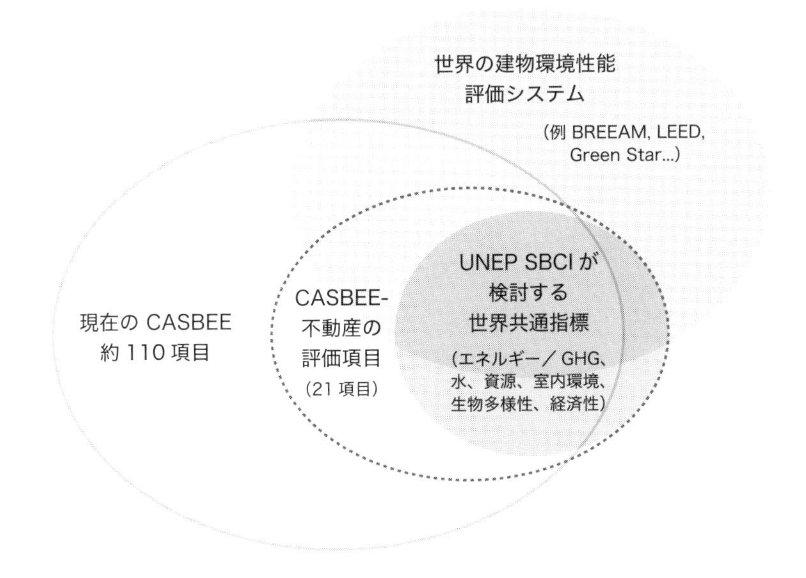

出典：(一社) 住宅・建築SDGs推進センター「CASBEE-不動産／評価方法の考え方と手引」を加工して作成

早い時期の売却予定があればCASBEE-建築の取得を

CASBEE-建築とCASBEE-不動産については、多くの方がどちらを取得すべきか迷っています。弊社にも多い相談の一つです。

それぞれについて見ていきましょう。

CASBEE-建築は新築建築物の認証で、竣工後3年以内に取得、有効期間3年です。弊社では取得代行に要する期間は3～6ケ月、費用は200万～400万円程度かかります。

CASBEE-不動産は既存建築物の認証で、運用面も見るため竣工後1年以上経ってから取得します。有効期間5年です。建物の用途がオフィス、物流施設、商業施設、共同住宅に限定されており、弊社において取得代行に要する期間は2～4ケ月、費用は50万～100万円程度です。

このため、既存建築物でも、例えばホテルや病院などは、CASBEE-建築で取得しなければなりません。

また、更新のたびに費用が必要です。長い目で見たコストの考慮が必要です。

CASBEE-建築とCASBEE-不動産の選択は、物件の目的によります。取得を前提とするのであれば、どちらにしろJ-REITやファンドへの物件売却を見越した設計が必要です。

前述した通り、CASBEE-建築とCASBEE-不動産では費用と手間は段違いです。CASBEE-建築はCASBEE-不動産に比べて、4～5倍くらいの手間と費用がかかります。

ただし、CASBEE-建築は設計段階での取得のため、設計変更が可能であれば高ランクを取得するための設計変更が可能です。

一方でCASBEE-不動産は既存建物になるので、大幅な変更ができません。そのため、高ランクを取得したくても難しい場合や必須項目を満たさない場合は取得自体ができないこともあります。

また、有効期間の問題もあります。CASBEE-建築は3年、CASBEE-不動産は5年が有効期限ですが、CASBEE-建築は竣工後3年以内が取得の条件となっているため、更新できません。そのため、3年後にはCASBEE-建築の評価認証がなくなってしまうのです。

CASBEE-建築を取得した物件が再度CASBEE評価認証を取得する場合は、CASBEE-建築（既存）もしくはCASBEE-不動産を取得する必要があります。元々CASBEE-建築で高ランクを取得している物件は環境性能に優れているので、CASBEE-不動産で高ランクを取得できる可能性は高くなります。稀にCASBEE-建築の有効期限が切れたあと、他の認証を取らないケースも見かけますが、せっかく高い費用をかけてCASBEE-建築を取得していることを考えると、取得した評価を活かした方が効率的です。

結論として、竣工後の売却を予定しているタイミングが早ければCASBEE-建築、すぐに売却する予定がない、または取得の見込みがない場合は時期をずらしてからCASBEE-不動産を取得することをおすすめします。

3-3 | Environment | Social | Governance |

BELSとCASBEE、認証費用はどれくらい？

BELSとCASBEEなどの取得には省エネ計算や手数料などの費用がかかります。非常に複雑なため専門会社の利用が一般的です。

CASBEEの費用は種類によって変わる

CASBEE民間認証には「CASBEE-建築」や「CASBEE-不動産」など複数の種類があり、認証取得費用には、「認証手数料」「申請代行手数料」「申請書作成費用」があります。

CASBEE-建築とCASBEE-不動産の認証は、一般社団法人住宅・建築SDGs推進センターが認定した第三者機関が行うため、認証手数料が必要です。CASBEE自治体に関しては、行政のため費用はかかりません。（次ページの図67、68）

CASBEE申請に関しては、建築物環境衛生管理基準や各種法律の知識も必要なため、代行業者に委託するのが一般的です。

CASBEE-建築は、新築の時点から環境負荷を下げるなどの取り組みができるため、高ランクが取りやすいというメリットがあります。

しかし、評価項目が約110項目と多く、全ての項目で根拠資料の提出が必要となるため、数百万円と高コストです。築1年以内に当該建物を売却する可能性があり、CASBEEを取得したい場合は、CASBEE-建築になります。

CASBEE-不動産の申請代行費用は、CASBEE-建築の5分の1程度です。築1年以上の建築物を対象としており、維持管理の状態やエネルギー消費の実績値が把握できるため、簡易的に建築物を評価できます。評価項目も21項目とCASBEE-建築の5分の1程度のため、低コストでの申請代行が可能です。

図67 CASBEE-建築評価認証手数料

申請建築物の延べ面積	用途	金額(消費税込)
2,000㎡未満	単一用途	495,000円
	複合用途	1用途増える毎に132,000円を上記金額に加算
2,000㎡以上 10,000㎡未満	単一用途	550,000円
	複合用途	1用途増える毎に176,000円を上記金額に加算
10,000㎡以上 50,000㎡未満	単一用途	715,000円
	複合用途	1用途増える毎に220,000円を上記金額に加算
50,000㎡以上	単一用途	825,000円
	複合用途	1用途増える毎に275,000円を上記金額に加算

※弊社にて、民間検査機関の一般的な審査料金(目安)にて作成しています。実際の審査料金は民間検査機関毎に異なる場合がありますので申請の際はその会社にお問い合わせをお願いします。

出典:環境・省エネルギー計算センター

図68 CASBEE-不動産評価認証手数料

申請建築物の延べ面積	用途	金額(消費税込)
10,000㎡未満	事務所・店舗・物流施設・集合住宅	110,000円
10,000㎡以上 50,000㎡未満	事務所・店舗・物流施設・集合住宅	165,000円
50,000㎡以上	事務所・店舗・物流施設・集合住宅	220,000円

※弊社にて、民間検査機関の一般的な審査料金(目安)にて作成しています。実際の審査料金は民間検査機関毎に異なる場合がありますので申請の際はその会社にお問い合わせをお願いします。

出典:環境・省エネルギー計算センター

図69 CASBEEの種類毎の特徴

種類	概要	費用イメージ
CASBEE-建築	主に新築時の環境配慮設計を支援するためのツール。評価項目が多く、手間とコストがかかる。	数百万円
CASBEE-不動産	築1年以上の建物を評価する。投資家や金融機関の投資判断のプラス材料となる。	数十万円(CASBEE建築の5分の1程度)
CASBEE自治体	地方自治体が条例に基づいて一定の規模以上の建築物の新築等にCASBEE届出を義務付け。	数十万円(CASBEE建築の10分の1程度)

出典:環境・省エネルギー計算センター「CASBEEの費用はいくら? CASBEE代行でかかる費用の考え方について徹底解説」 https://www.ceec.jp/column/casbee-price/

自治体のCASBEEは、政令指定都市を中心に「建築物環境配慮制度」の届出制度などに活用されており、各自治体の考え方や地域特性に応じて、評価基準や評価項目間の重み係数、追加項目などが変更されています。

評価項目はCASBEE-建築を基準に定められていますが、高い評価をした項目にのみ根拠資料を準備します。このため、申請代行費用は概ねCASBEE-建築の10分の1程度が目安となります。

自治体のCASBEEは各自治体のホームページで公表されています。新築を計画の際には事前の確認が重要です。

BELSの申請費用

BELSの取得には、「審査費用」と「省エネ計算代行費用」の2種類の費用が必要です。審査費用は民間検査機関に支払う費用、省エネ計算代行費用は省エネ計算代行会社に支払う費用となります。

審査費用は審査を行う一般社団法人住宅性能評価・表示協会の登録機関である民間検査機関に支払います。

戸建住宅であれば数万円から、集合住宅であれば十数万円から数十万円です。非住宅の場合は、「モデル建物法」と「標準入力法」の2種類の評価方法があります。どちらの評価手法を選択するかによって、費用や作業工数、認証の評価にも影響するので注意が必要です。十数万円から数十万円を見ておくとよいでしょう。
省エネ計算代行費用について、省エネ計算や書類整備など煩雑な業務が多いため、専門会社に委託するのが一般的です。

新築か既存建築物か、または戸建てかマンションか、間取り、設備の充実度などで費用は変動します。非住宅の場合は「モデル建物法」と「標準入力法」のどちらを採用するかによって費用や作業工数に1.5～2倍の差があります。手間がかかる標準入力法の費用は高くなります。
一般的に、環境性能を高めた建築物ほど精緻な省エネ計算が必要となるため、かかる費用は上がります。しかし、国はBELS取得を推進しており、補助金が活用できる場合があります。制度を利用することでBELSの取得費用を抑えることも可能ですが、年度により補助金の内容なども異なりますので注視が必要です。

また、計算費用に関しては、CADの有無でも変わります。既存の物件などでは、売買の際に図面は受け取っているものの、CADが存在しない場合が多々あります。また、複数回設備更新が行われている場合も、CADがない場合があります。その場合、図面をCAD化する作業が発生しますが、設計の専門知識が必要となるため、省エネ計算と共に対応できる会社は日本においては限られた会社しか対応できません。
また、BELS取得の際、モデル建物法か標準入力法のどちらを選択するかでも違います。費用は用途や規模、形状で比例するため、基本的には規模が大きく複雑な形状の物件ほど、かかる費用は大きくなります。
住宅の場合、計算費用は住戸の間取りタイプ数によって変動します。例えば全て同じタイプの部屋の場合は、計算が少なくすみますが、住戸のタイプ数が複数ある場合は、そのタイプの数の計算が必要になり、かかる費用はタイプ数に比例します。そのため、デザイナーズマンションのような間取りプランが多い建築物は、かかる費用も高くなります。
また、マンションの中には共用部が充実しているものもあります。用途が通路のみであれば加味する必要はありませんが、エントランスやシアタールーム、プールなどの設備がついている場合は、それも考慮しなければなりません。

共同住宅で不利となる共有部の計算を省略できなかった事例（高齢者施設）

注意が必要な事例として、弊社が担当した案件を紹介します。とある高齢者施設の例です。

一般的な共同住宅では、住戸を計算したうえで、一次エネルギー消費量の指標であるBEIが1.0を切っていれば、法律上、共用部は省エネ計算を省略できます。共用部の方が住戸よりもBEIが低くなるケースが多いため、住戸で基準をクリアできていれば、共用部を計算しても確実にクリアできるからです。ただし、BELSの高ランク取得を目指す場合は数値が良くなるため、共用部を計算に入れるのが通常です。

ところが、一部の高齢者施設の場合には注意が必要です。高齢者施設は高齢者専用住宅、グループホーム（寄宿舎）、老人ホームなどの種類によって用途区分が変わる特殊な建築物で、確認申請書上の用途区分によって住宅と非住宅に分別されます。

高齢者施設のうちの用途区分コードが寄宿舎扱いになっている場合は住宅として計算を行います。前述した通り、建築物省エネ法の届出を目的として計算する場合、住戸の計算を行って基準を満たしていた際は、手間を省くために共用部の計算を省略することが多いです。ですが、寄宿舎は共用部に設備が固まっていることが多く、計算を行うことで数値が悪くなるため、少しでも数値を良くするために計算を省略するということになります。

しかし、これがZEH-M（共同住宅版のZEH）の取得となると話が変わってきます。ZEH-M基準を満たすためには、やはり設備が固まっていて数値の悪くなる共用部の計算を省略したいところですが、ZEH-M取得のための計算では、共用部を省略することができないのです。

弊社の事例として、とある高齢者施設でZEH-M Readyを取得しようとした際、足枷となっていた共用部を省略できないかという議論になったことがありました。しかし、ZEH-Mでは共用部の計算を省略できないため、基準を満たすために緻密な省エネ計算と仕様の変更提案が必要となったのです。

こういった事例は稀ですが、専門知識がない場合、知らずにルールに違反してしまうことがあります。知識に自信がない場合には、専門家への相談がおすすめです。

既存建築物のBELS取得で難易度が高かった事例

弊社の事例で50年前に建築されたホテルのBELS取得を行ったことがありました。設備更新が何回もされていたのですが、やはり最新のCADは残っていない状態です。このケースの場合、過去の竣工図をはじめとした図面をかき集めて、設備更新が行われた箇所の確認を行いつつ、現況の図面を起こし、そのうえで最新のCADデータを作成するところから始まりました。

こうしたケースの場合、計算ができる状態にするまでが非常に難しく複雑な作業となります。

築古の物件以外にも、売買の過程で資料が欠けてしまうというケースがあります。その場合もCADデータが手元にないことが多く、計算を行うための前段階の作業が発生するのです。

この作業は、設計の知識がないとできないため、対応できる会社は限られます。「既存物件を取得したものの省エネ計算に必要な資料がないため申請ができない」などの場合は、弊社にご相談ください。

Re-Seed機構の支援利用の事例

一般社団法人環境不動産普及促進機構（Re-Seed機構）という団体があります。

耐震・環境性能を有する良質な不動産（環境不動産）の普及啓発、調査研究及び情報提供、環境不動産の開発や改修などについての支援などを行うことにより、環境不動産の供給を促進し、我が国の不動産の資産価値の向上及び不動産投資市場の活性化を図ると共に、地球温暖化防止及び持続可能な社会の実現に資するために設立されました（メリットと要件については図70、71参照）。

図 70 Re-Seed 事業の活用メリット

◯Re-Seed事業は2050年カーボンニュートラルを目指す政府が、環境不動産の形成促進（不動産のESG/グリーン投資）のため、国土交通省・環境省より交付している資金。

◯一定の環境性能向上を目的とした公的な資金であることから、**SPCスキーム（座組）を安定**させ、**その他民間資金の呼び水**となる効果が期待される。

◯民間事業を支援するための**長期・安定的なリスクマネー供給（最長10年）**を通じた**「環境不動産の形成促進」**が最優先事項であり、短視眼的リターンよりも**中長期的かつ持続可能な事業価値の向上**を重視。

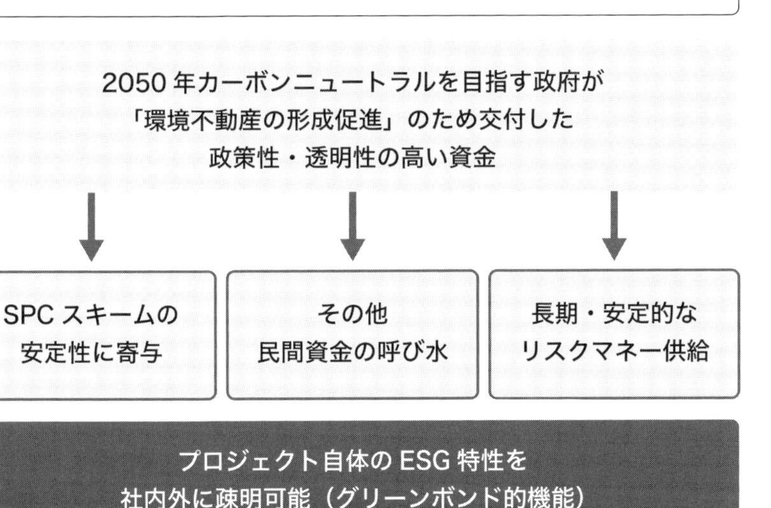

出典：（一社）環境不動産普及促進機構（Re-Seed 機構）
「RE SEED 事業（耐震・環境不動産普及促進事業）のご紹介」（令和 5 年 7 月版）
（https://www.kankyofudosan.jp/cms/pdf/20241024RESEEDjigyosyokai.pdf）を加工して作成

図71 出資要件(耐震・環境要件)

以下の①又は②のいずれかの事業要件を満たすことが必要で、その概要は次のとおりです。

①現行の耐震性能基準を満たすことを目的とした事業

事業の概要	事業要件の主な概要
耐震改修	昭和56年(1981年)5月以前に建てられた既存建築物(旧耐震建築物)で、耐震改修工事を実施することで、現行の耐震基準に適合することが見込まれる、かつ、既存建築物全体におけるエネルギー消費量が、事業の前と比較して概ね10%以上削減することが見込まれる事業

②一定の環境性能基準を満たすことを目的とした事業(以下のいずれか)

事業の概要		事業要件の主な概要
イ	省エネルギー改修	既存建築物全体におけるエネルギー消費量が、事業の前と比較して概ね20%以上(ヘルスケア施設(※1)、住宅、延床面積10,000㎡以上の建築物、特定地域(※2)の物件は15%以上)削減
ロ、ハ	建築物環境総合性能評価システム(CASBEE)	「CASBEE-建築」(自治体版CASBEEを含む)または「CASBEE-不動産」の評価においてAランク以上(特定地域(※2)における旧耐震建築物の建替の場合はB+ランク以上)
		「CASBEE-建築」におけるライフサイクルCO2の評価において緑星表示が3つ以上
ニ	建築物省エネルギー性能表示制度(BELS)	「BELS」による評価において、建替・開発については星表示4つ以上、改修については星表示3つ以上であること
ホ	低炭素建築物の認定制度	「都市の低炭素化の促進に関する法律(エコまち法)」に基づく「低炭素建築物」認定
ヘ	建築物の低炭素化の促進のために誘導すべき基準(※3)	左記のうち「I. 建築物に係るエネルギーの使用の合理化の一層の促進のために誘導すべき基準」を満たすこと
ト	地方公共団体等による一定の環境性能の確保	東京都建築物環境計画書制度等

(※1) ヘルスケア施設とは高齢者の居住の安定確保に関する法律(平成13年法律第26号)第5条第1項に規定するサービス付き高齢者住宅、法人福祉法(昭和38年法律第133号)第29条第1項に規定する有料老人ホーム・病院などをいう。

(※2) 特定地域とは、埼玉県、千葉県、東京都、神奈川県、大阪府、名古屋市、京都市及び神戸市以外の地域をいう。

(※3) 建築物に係るエネルギーの使用の合理化の一層の促進その他の建築物の低炭素化の促進のために誘導すべき基準(平成24年経済産業省・国土交通省・環境省告示第119号)

出典:(一社)環境不動産普及促進機構(Re-Seed機構)「RE-SEED事業(耐震・環境不動産普及促進事業)のご紹介」(令和5年7月版)
(https://www.kankyofudosan.jp/cms/pdf/20241024RESEEDjigyosyokai.pdf)を加工して作成

弊社の事例で、築30年、数万㎡の商業施設の案件がありました。

BELSの取得で支援を検討していましたが、投融資基準に対して出資前のBELSの星が低く、出資後の改修を経て星3以上にすることが必要な状況でした。

この規模のBELS取得となると、1,000万円以上かけた計算となりますが、計算結果が星3以上に達しなかった場合、Re-Seedからの支援が受けられないため、初めからそこまでの費用を負担しにくいケースです。

弊社が提案したのは、一部の計算を行うことで取得できるかの予測を立てるというものです。

一般的に一番数値が悪くなる階層の計算を行い、それを他の階層でも同様のものとして計算をし、その数値を持って星3を取得することができれば、全ての階層を計算した場合でも取得できる可能性が極めて高くなります。結果的に、無事に星3を取得することができました。

こうした手法は、取得できないリスクをできる限り削減するというものです。万が一基準が達成できないとしても、限定的な計算ですむため、計算費用面でもリスクを軽減できます。

Re-Seedは比較的柔軟な団体で、国の補助金と併用できるケースがあります。

本書執筆時点は補助金が充実しており、省エネ性能を上げるための断熱改修や設備導入によって追加費用がかかり、補助金が相殺になったとしても、将来的な省エネ効果になりプラスになる可能性が高いと言えます。

BELSの取得の可否が見えないため省エネ計算をためらうケースは少なくありません。そういった場合でも、弊社では本格的な省エネ計算の前の事前診断（スクリーニング）として、一部の計算を無償で行っています。

実際は数百万程度かかる作業になることもありますが、環境性能認証の取得促進につながり、巡り巡って地球環境の保護につながると信じています。

3-4 | Environment | Social | Governance |

売買時の引継ぎ資料が足りないと認証が取れない、評価が下がる恐れも

環境性能認証には設計や仕様に関する図面資料が必要です。足りない場合、詳細な計算ができず、評価が下がる可能性があります。

資料を満たすための調査が不十分

不動産売買時には、法的・経済的・物理的調査が実施され、図面などを含む各種書類が売主から買主に交付されます。しかしその後、対象の不動産でBELS・CASBEEなどの環境性能認証を取得しようと専門会社に保有資料を提出しても、必要な書類の不足が発覚することが往々にしてあります。これは、売買時、または建設時の環境的観点からの調査が十分ではないことが原因です。

必要な書類を取り寄せようとしても、売主と連絡が取れない、確認してもそもそも資料がない、交付してもらえないなど、資料収集や整理などに1～2ヶ月程度かかることがあります。想定外に時間がかかり、希望していた環境性能認証取得タイミングに間に合わない、そもそも取得できない、といった事態は少なくありません。

不明箇所が増えると省エネ計算時に評価が下がる？

BELSであれば、図面資料が不足していても、計算方法によっては取得が可能です。非住宅の場合、モデル建物法と標準入力法の2つの計算方法があります。

モデル建物法は国が過去の実績を用いてモデル化したデータを活用し、主たる室用途に設備機器の情報を入力する計算方法です。計算が容易で時間もかからないため、高ランクを目指していない場合、基本的にはこちらが使われます。

しかし、モデル建物法の場合、必須となる項目の資料や情報に不足があると計算することができません。対して標準入力法の場合は、資料や情報

がない部分に関して基準設定仕様を使用することで、標準的な数値であるBEI＝1.0として扱うことができます。

したがって、図面資料がなく詳細がわからない部分に関してはBEI＝1.0と判断されます。つまり、資料が不足している場合は、実際にはどんなに省エネ基準より性能が良くても証明できる根拠がないため、1.0と判断せざるを得ないのです。

BEI＝1.0は国が設定している省エネ基準であり、高ランクを目指す場合は1.0からできるだけ削減する数値を目指します。標準入力法では、1.0の箇所が増えることによる評価の低下を念頭に置く必要があります。認証の取得だけが目的であっても、高ランクを目指す物件でも、図面資料は可能な限り入手しておくと手続きがスムーズです。

もし、売買の際に、必要な資料がわからないといったお悩みがあるのであれば、可能な限りお手伝いをさせていただきますので、お問い合わせください。

図72 必要資料がなければ申請できない場合も

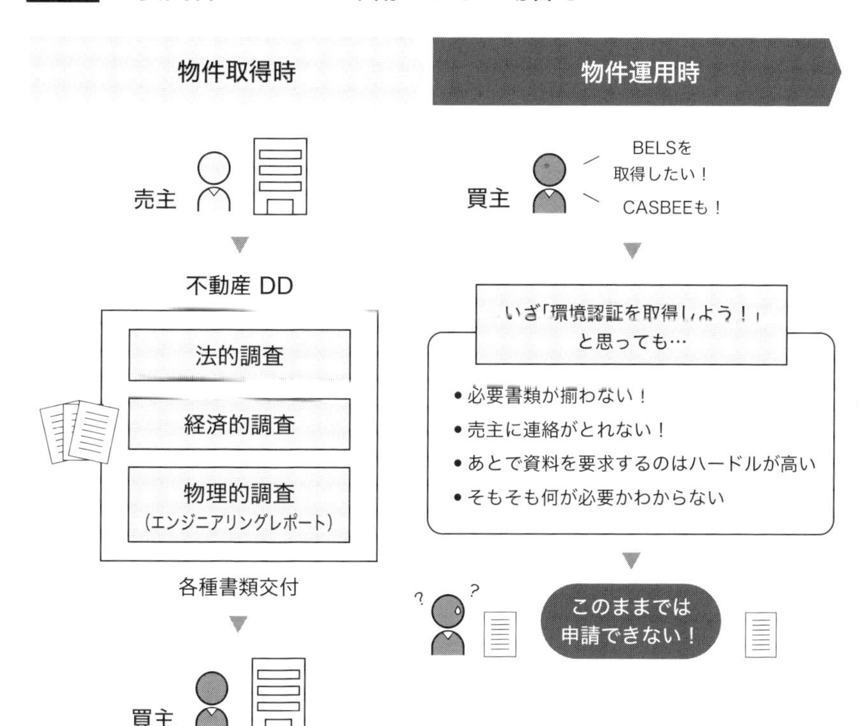

既存建築物で「省エネ計算に必要な書類が揃わない」というパターンの多くは、これまで環境性能認証の取得を考慮しなかった建築物です。

新築の際に、環境性能認証の取得を見据えていた場合は、必要な書類も資料もある程度揃っているので、既存不動産でも滞りなくBELSやCASBEEなどの環境性能認証の申請業務が進められます。

しかし、新築時に環境性能認証の取得を検討しなかった、特に2000年以前に竣工された建物の場合、評価や認証に必要な資料が揃っていないことが多く、CASBEE評価認証に必要なデータなど、建物管理に関する書類も残っていないことが多々あります。

さらに、2002年以前の建築物には「省エネルギー計算書」がないため、評価基準となる値が把握できません。CASBEEの場合、評価項目のいくつかは他の仕組みを活用して評価ができ、この一つが省エネルギー計算書なのですが、省エネ基準適合の義務付けが開始されたのは2017年です。

しかも、当初は延床面積2,000㎡以上の新築の非住宅物件が対象でした。したがって、多くの2002年以前の物件において、評価申請の書類を揃えることが大きなハードルとなってしまいます。

2009年4月には、既存建物評価の簡易版「CASBEE-既存（簡易版）」が公開され、必要項目が若干緩和されましたが、書類や資料を集める難易度が改善されているわけではありません。

弊社では、こうしたパターンの場合、現存する資料、ヒアリングなどから省エネ計算に必要な資料を作成して、数値を割り出して計算を行っています。

たとえ低いランクだとしても、取得するための項目をチェックすることで、対象建築物における環境性能が把握でき、今後の対策が立てられます。環境性能認証を取得することで、グリーンビルディング化の推進を市場や投資家にアピールすることも可能です。

既存建築物だとしても、諦めずに専門家に相談することが重要です。

省エネ計算に必要な資料

環境性能認証を取得する予定がある場合は、売買時に資料を揃えておくことが肝要です。省エネ計算で確認する図書は主に下記となっています。

- 意匠図(案内図、配置図、面積表、仕上表、平面図、立面図、断面図、矩計図、建具表)
- 機械設備図(空調設備、換気設備、給湯設備)
- 電気設備図(照明器具、太陽光発電)
- EV図
- 構造図
- コージェネ
- 確認申請書など
- 検査済証
- 省エネ計算書：適合性判定または届出（計算されている場合）

この他、設備機器リストや断熱材仕様などの資料が求められます（次ページの図73）。

また、資料によっては、不足分の情報収集や図面の復元が必要となる場合があります。

環境性能認証の取得が必須となる時代です。スムーズな取得を目指すためにも、不動産資料整備を的確に進めることが重要です。

図 73 省エネ計算で確認する図書一覧

- 意匠図（案内図、配置図、面積表、仕上表、平面図、立面図、断面図、矩計図、建具表）
- 機械設備図（空調設備, 換気設備, 給湯設備）
- 電気設備図（照明器具, 太陽光発電）
- EV図
- 構造図
- コージェネ
- 確認申請書等
- 検査済証（省エネ計算書：適合判定または届出）

＋

- 断熱材仕様、サッシガラス仕様
- 建材の厚さ等
- 空調設備型番
- 換気設備型番
- 給湯設備型番
- 照明器具およびランプ型番
- 設備機器納品リスト（または交換リスト）
- 設備点検報告書等

出典：環境・省エネルギー計算センター「環境的調査（環境不動産DD）省エネ計算用設計図書　管理委託業務プラン」

引継ぎ資料が足りなくて認証が取れないケースがある？

既存建築物の場合、設備機器の型番の不明など、計算が困難となる場合があります。

また、現場調査の結果型番が判明したとしても、あまりにも機器が古くメーカーのホームページでも仕様書が見つからないような場合は、計算が難しくなります。ただし機器が不明の場合、標準入力法に限り、基準設定仕様であるBEI=1.0とみなすことで計算は可能です。

BELSの場合、標準入力法で基準設定仕様を利用することで、取得自体は可能です。例えば、ほとんどのフロアの情報がなかったとしても、一部の区画だけ計算できる資料があれば、他の部分を基準設定仕様で判断することでBELSの取得はできます。そのため、引継ぎ資料が足りずにBELSが取得できないというケースはほとんどないと言っていいでしょう。

ただし、当たり前の話になりますが、資料がなく、基準設定仕様で判断する場所が多ければ多いほど、高ランクの取得は難しくなります。

3-5 | Environment | Social | Governance |

既存不動産で取得の可能性がある省エネ補助金とは？

国は省エネを推進するために様々な補助金を実施しています。新築ではなく既存不動産でも申請できる補助金もあります。

以下、補助金申請についての事例を紹介する（公募期間終了事例含む）。

脱炭素ビルリノベ事業

脱炭素ビルリノベ事業（業務用建築物の脱炭素改修加速化事業）は、商業施設や教育施設など既存の業務用建物における省エネルギー改修や省エネルギー機器導入について、これを補助金で支援します。事業を通して改修を促し、2050年のカーボンニュートラル実現に貢献することを目的としています。

【主な要件】
- 改修後の外皮性能BPIが1.0以下となっていること及び一次エネルギー消費量が省エネルギー基準から用途に応じて30％または40％程度以上削減されること（ホテル・病院・百貨店・飲食店など：30％、事務所・学校など：40％）
- BEMSによるエネルギー管理を行うことなど

【対象製品】
- 建築外皮（断熱窓）、建築外皮（断熱材）、高効率空調（業務用エアコンなど）、制御機能付きLED照明器具、BEMS

【補助金額の上限額】

１事業あたり10億円、下限額は１事業あたり500万円。なお、１事業者あたりの申請件数の上限は５件

【公募期間】

2024年3月29日～2024年11月29日。交付決定額の合計が予算額に達した場合、公募期間内であっても交付申請の受付は終了します。

詳細は、脱炭素ビルリノベ事業サイトへ。
https://bl-renos.jp/

住宅省エネ2024キャンペーン

経済産業省、国土交通省、環境省の3省連携により、家庭部門の省エネを強力に推進するため、住宅の断熱性の向上や高効率給湯器の導入などの住宅省エネ化を支援するキャンペーンです。

交付申請期間は2024年3月から予算上限に達するまで。本書執筆時点では、2024年12月31日までとなっています。

【子育てエコホーム支援事業】

エネルギー価格などの物価高騰の影響を受けやすい子育て世帯・若者夫婦世帯による高い省エネ性能を有する新築住宅の取得や、住宅の省エネ改修などに対して支援する事業です。

新築住宅だけではなく、リフォームも対象となります。
https://kosodate-ecohome.mlit.go.jp/

【先進的窓リノベ2024事業】

断熱窓への改修を促進し既存住宅の省エネ化を促すことで、エネルギー費用負担の軽減、健康で快適なくらしの実現及び家庭からのCO2排出削減に貢献すると共に、断熱窓の生産効率向上による関連産業の競争力強化と成長を実現させることを目的とする事業です。
https://window-renovation2024.env.go.jp/

【給湯省エネ2024事業】

家庭のエネルギー消費で大きな割合を占める給湯分野について、高効率給湯器の導入支援を行い、その普及拡大により、「2030年度におけるエネルギー需給の見通し」の達成に寄与することを目的とする事業です。

https://kyutou-shoene2024.meti.go.jp/

【賃貸集合給湯省エネ 2024 事業】

家庭のエネルギー消費で大きな割合を占める給湯分野について、特に賃貸集合住宅に対する小型の省エネ型給湯器の導入支援を行うことによりその普及拡大を図り、「2030年度におけるエネルギー需給の見通し」の達成に寄与することを目的とする事業です。

https://chintai-shoene2024.meti.go.jp/

集合住宅の省CO2化促進事業

年間の一次エネルギー消費量が正味でゼロとなることを目指した集合住宅（ZEH-M）を新築する事業が対象です。

- 低層ZEH-M促進事業
- 中層ZEH-M支援事業
- 高層ZEH-M支援事業（一次公募、二次公募共に募集終了）

公募期間：

2024年5月10日（金）～ 2024年12月6日（金）17:00（低層ZEH-M促進事業、中層ZEH-M支援事業）

2024年5月27日（月）～ 2024年6月21日（金）17：00（高層ZEH-M支援事業　一次公募）

2024年9月2日（月）～ 2024年9月30日（月）17：00（高層ZEH-M支援事業　二次公募）

※申請金額の合計が予算に達した日の17：00よりあとの申請は原則受理しない。

https://zehweb.jp/housingcomplex/

既存建築物省エネ化推進事業(建築物の改修工事)

建築物ストックの省エネルギー改修などを促進するため、民間事業者などが行う省エネルギー改修工事や省エネルギー改修工事に加えて実施するバリアフリー改修工事に対し、国が事業の実施に要する費用の一部を支援。

公募期間：2024年4月24日（水）～2024年5月29日（水）

https://hyoka-jimu.jp/kaishu/

過去の既存建築物補助事業

本書執筆時点では既に募集が終了している事業です。今後、予算により募集再開する可能性があります。

【既存建築物省エネ化推進事業（省エネルギー性能の診断・表示に対する支援）】

公募期間：2023年8月21日（月）～　2023年11月30日（木）

改正建築物省エネ法に基づく省エネ性能表示制度が2024年4月に施行予定であることを踏まえ、施行に先立ち、既存住宅・建築物の販売・賃貸の際の広告等への省エネ性能表示を行う先行的な取り組みを支援。

https://www.kkj.or.jp/kizon_se/kizon2023-seinoushindan_dl.html

【建築物等の脱炭素化・レジリエンス強化促進事業】

公募期間：2023年5月23日（火）～2023年6月30日（金）

①2050年カーボンニュートラル実現、そのための2030年度46%減（2013年度比）の政府目標の早期達成に寄与するため、建築物などにおけるZEB化・省CO2改修の普及拡大により脱炭素化を進める。

②建築物などにおいて気候変動による災害激甚化や新型コロナウイルスなどの感染症への適応を高めつつ、快適で健康な社会の実現を目指す。

支援事業には「新築建築物のZEB化支援事業」「既存建築物のZEB化支援事業」「既存建築物における省CO2改修支援事業」「国立公園利用施設の脱炭素化推進支援事業」「上下水道・ダム施設の省CO2改修支援事業」があります。

https://www.env.go.jp/earth/zeb/hojo/

https://www.env.go.jp/earth/zeb/hojo/pdf/202306.pdf

【ZEB 実証事業】

公募期間：2023年5月8日（月）～2023年6月5日（月）

ZEB設計ノウハウが確立されていない民間の大規模建築物（新築：10,000㎡以上、既存建築物：2,000㎡以上）について、先進的な技術などの組み合わせによるZEBの実現を通じ、その運用実績の蓄積・公開・活用を図ることを目的とする事業。

https://sii.or.jp/zeb05/uploads/R5_ZEB_pamphlet_A4.pdf

【戸建住宅 ZEH 化等支援事業】

年間の一次エネルギー消費量が正味でゼロとなることを目指した住宅（ZEH）、またはZEHより省エネをさらに深掘りすると共に、設備のより効果的な運用などにより太陽光発電などの自家消費拡大を目指したZEH（ZEH+）となる戸建住宅を新たに建築する、または新築建売住宅を購入する事業が対象です。

https://zehweb.jp/house/

日本では、2030年に新築される住宅・建築物についてZEB/ZEH基準の水準の省エネ性能の確保、2050年にはストック平均でZEB/ZEH基準の省エネ性能を求めており、達成に向けた様々な補助金が出されています。しかし、今のペースでは達成できない可能性の方が高いでしょう。そのため、しばらくはZEB/ZEH化に向けた補助金が継続されると予想されます。

しかし、現在は達成までの猶予期間に過ぎず、ある程度になれば法律による規制が始まるでしょう。法律で義務付けてしまえば、適合せざるを得なくなり、補助金による支援がなくなる可能性が高くなります。

補助金による支援がある今のうちに、環境性能認証の取得を見据えた修繕や改築、新築などの計画を進めることが重要です。

3-6 | Environment | Social | Governance |

ESG担当者は暗闇の中、手探りで情報を探している

不動産ESG投資への関心が高まる中、日本企業はESG経営の歴史が浅く、情報収集や対応が追い付いていないのが現状です。

ある日突然ESG担当者になることも

「明日からESG担当としてサステナビリティ経営に取り組んでくれ」

最近では、突然会社からそう言われる人が増えているようです。弊社にも「突然配属になって何から取り組んでよいかわからない」と、途方に暮れた人がたくさん相談に訪れます。

何から始めたらよいのかわからず、とりあえず環境性能認証を取得しようとしても何を取得してよいのかわからず、そもそも取得できるかどうかもわからない。そういった事例をいくつもコンサルティングしてきましたが、Eの重要性向上や政府による環境不動産に対する施策が始まってからは、さらに増えている印象です。

特に最近は、ESG開示について項目が複雑化しており、海外からの要望も、より高度になっています。しかし、日本企業のESG経営は歴史が浅く、情報収集や体制づくりなど諸外国の後追いになっているのが現状です。

情報不足は企業のESG担当部署の混乱を招いており、日本のESG経営への取り組みが遅きに失した弊害だといえるでしょう。

対応が遅かったESG関連の人材育成

今や企業経営におけるESGへの取り組みは、ESG投資家からの評価のうえで必須の要素です。

特にESG知識や運営において、人材不足は喫緊の課題です。ところが日本ではSDGsやESGへの認知度は低く、取り組みに積極的ではありませんでした。そもそも、ESG担当者となり外部企業の開示情報を参照し

ようとしても数が少なく、自社に応用できる事例は多くありません。

2023年9月のbooost technologiesの調査によると（https://booost-tech.com/column/022)、「サステナビリティ推進に関する目標計画策定やそれに伴う実務の情報リソース」の問いに「官公庁から発信している情報」を基準に業務を遂行している担当者が最も多く、さらに業務推進上で不明点が出た場合は国内の他社事例を参考にしていることがわかりました。

また、「業務推進上の悩み」について、「人的リソース不足」と「経営層のサステナビリティ推進への理解不足」を挙げています。

調査からはデータ収集の課題も見えてきます。CO2排出量の算定業務において、おおよそ半数の企業でDX化が進んでおらず、業務工数をかけていることが明らかになりました。

以上の調査結果から、企業のESG担当者は、情報不足と業務工数の増加に悩んでいる様子がわかります。

現在、ESGや環境不動産に関する情報は、国土交通省や環境省、経済産業省によるポータルサイトなどであり、それらの情報はまとまっているとは言い難い状態です。また、CO2排出量の算定のための集計は、ツールは存在しているが認知度が低い、または使いこなせていない理由が想像されます。

情報を調べる、集計するなどの実務は、アナログな作業です。情報や実例をまとめて確認ができる信頼性の高いデータベースやポータルサイト、集計業務のDX化の推進や支援を、今後は国に期待したいところです。

ESG経営の浸透に必要な人事とは

実際、企業のESG担当者やサステナビリティ推進担当者は1人ではなく、多くはチームで業務を遂行しています。しかし、日本の企業はCSR経営（Corporate Social Responsibility＝社会的責任）への取り組みが長く、「社会的責任」に重きをおきがちで、経済的責任と対立する概念として捉えられる向きがあったことも事実です。

ところが急にESG経営が企業のトレンドとなったことで、過去のCSR経営から抜け出せない企業は、ESGの概念である経営と環境の両輪における持続可能性への理解が追い付いてきませんでした。最近になってようやくESG経営の方法論などの情報発信がなされていますが、今度はその概念をどうやって組織の人事に落とし込むのかが課題となります。

ESGの概念である環境・社会・ガバナンスは、それぞれが別の要素を持ちます。当然、企業内で担当部署が違います。

例えば、「E:環境」だけを考えるのであれば、環境やサステナビリティ専門の部署で完結できますが、ESG投資の情報開示には「S：社会」「G：ガバナンス」の要素を取り入れた経営戦略が求められており、CSR部門や法務、経営企画部門などとの議論、調整が必須です。

しかし、日本企業は省エネ性能に重きをおいていた時代が長く、ESGやSDGsについてトータルにコンサルティング、マネジメントできる人材が育っていません。さらに、国が不動産ESG投資の推進を始めていますが、具体的な法整備はこれからという状態です。

したがって、企業が自社ビルのグリーンビルディング化を目指したとしても、環境性能認証の選定から苦慮しています。企業の将来性を鑑みたESG戦略が見えないためです。

例えばそこで、CASBEEを取得しようとしても、省エネ性能だけではなくサービス性能や室外環境にも留意しなければならない問題が浮上します。社内の環境やサステナビリティの部署だけでは、「耐用性・信頼性」「まちなみ・景観への配慮」には対応できず、どのような設備が必要なのか、必要な書類は何か、既存不動産の場合は持っている書類の整備や検討など、多くの部署の連携が必要です。

連携できたとしてもESG知識の習得が間に合っていなければ、やはり混乱をきたしたまま遅々として進まないという状態になってしまいます。

図74 ESG担当者の役割が明確化されていない

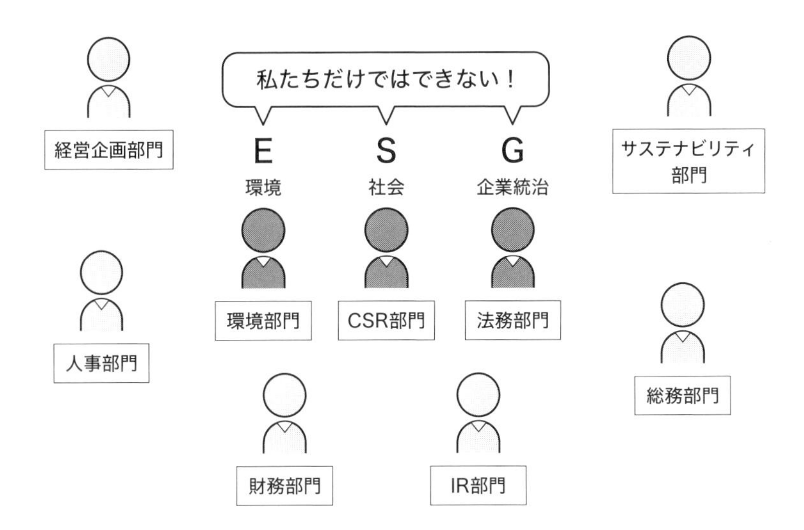

経営者が社会的インパクト不動産の実践の先頭に

組織的な混乱を避けるためには、やはり企業の仕事を統括する経営者の意思決定をはっきりさせることです。

企業理念や長期的なビジョン、経営戦略など、そこにいかにしてESGそれぞれの概念を取り込み、サステナブルな社会と経済を実現させていくのか。どの課題に取り組み実践に向け戦略を練るのか。こうした決定があり方向性を示すことで、組織における担当者それぞれが具体的に連携を取ることができるでしょう。

ESG経営には社会的インパクトへの視点が重要ですが、社会的インパクトへの取り組みのヒントとして、毎年1月に開催するダボス会議に先立って公表される「グローバルリスクレポート」があります。これは世界の経営者や指導者が認識するリスクを順位で表したものです。2024年は先2年間と先10年間共に「異常気象」のリスクが重要視されており、不動産に置き換えても環境性能は重要なテーマであることがわかります。また、社会の二極化や経済機会の欠如、情報の信ぴょう性などの社会的なリスクも上位に挙がっています。

国土交通省が設置した「不動産分野の社会的課題に対応するESG投資

促進検討会」は2023年3月、「『社会的インパクト不動産』の実践ガイダンス　評価と対話のツール」をリリースしました。このガイダンスは、日本の社会的課題として挙げられる少子高齢化への対応や自然災害への備え、地域活性化、多様な働き方・暮らし方の実現ガイダンス評価項目（アクティビティ）を整理したものです。

社会価値を創出する不動産を「社会的インパクト不動産」と定義しており、企業の持続的成長に資する不動産のあり方について解説しています。実際の取り組み事例や評価事例が豊富に掲載されており、企業の実務者向けとなっていることが特徴です。

企業成長には社会価値を創出する不動産が不可欠となり、今後もさらにESG対応が求められます。社内のESG部門強化はもちろん、ESG不動産に関しては専門性の高い業者との連携が重要です。

図75 グローバルリスク順位

先2年間

順位	リスク	
①	E	誤った情報とニセ情報
②	B	異常気象
③	D	社会の二極化
④	E	サイバーセキュリティの不安
⑤	C	国家間武力紛争
⑥	D	経済機会の欠如
⑦	A	インフレーション
⑧	D	非自発的移住
⑨	A	景気低迷
⑩	B	汚染

先10年間

順位	リスク	
①	B	異常気象
②	B	地球システムにおける不可逆的な変化
③	B	生物多様性の喪失と生態系の崩壊
④	B	自然資源の不足
⑤	E	誤った情報とニセ情報
⑥	E	AIテクノロジーの悪影響
⑦	D	非自発的移住
⑧	E	サイバーセキュリティの不安
⑨	D	社会の二極化
⑩	B	汚染

A：経済に関するリスク　B：環境に関するリスク　C：地政学的なリスク
D：社会的なリスク　E：テクノロジーに関するリスク

出典：世界経済フォーラム（WEF）「グローバルリスクレポート2024」
（https://www.weforum.org/publications/global-risks-report-2024/digest/）をもとに
日本自然保護協会が日本語訳
https://www.nacsj.or.jp/2024/01/39104/

図 76 社会的インパクト不動産の実践ガイダンス

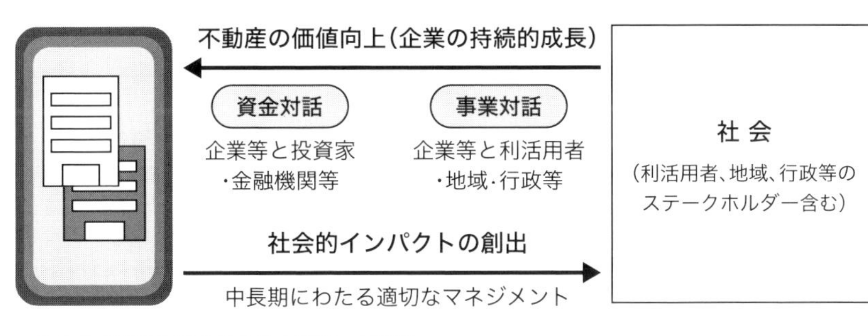

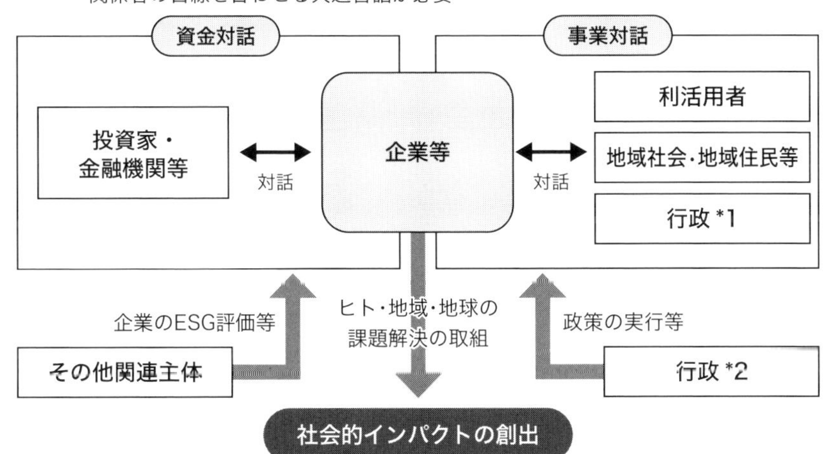

＊1　特に地域において大きな影響を与える企業等の取組では対話を実施することが望ましい
＊2　地域のビジョンを検討する場合や補助金・税制等の支援を行う場合

出典：不動産分野の社会的課題に対応するESG投資促進検討会・国土交通省
「社会的インパクト不動産」の実践ガイダンス
（https://www.mlit.go.jp/tochi_fudousan_kensetsugyo/content/001596306.pdf）を加工して作成

コラム

今後、CASBEE-不動産の外注費用はどうなる？

CASBEE-不動産を外注している場合、外注費用が今後どうなるのか気になることかと思います。結論から言えば、各社の委託費用は間違いなく上がっていくと考えています。

本書でも紹介しているように、CASBEE-不動産の需要が今後増えることも理由の一つですが、2025年の省エネ義務化により省エネ計算会社のリソースが大量に使われることになることも大きいです。

省エネ適判業務に省エネ計算会社が注力することで、CASBEE-不動産業務に対応するキャパが減ると、リソースの奪い合いとなり、必然的に外注費用が上がります。今は安い金額で請け負っている会社も、繁忙期になれば外注費用の増額もしくは業務自体を断ることも十分にあり得ます。

そのための予防策として、CASBEE-不動産の委託先を何社か使うことをおすすめします。会社によって業務の空き状況は違いますので、数社をうまく使い分けることで、断られる可能性を下げるだけでなく、大幅な委託費用増を防ぐことにもつながります。

3-7 | Environment | Social | Governance |

環境性能認証の実施にあたり担当者が気を付けるべきこと

環境性能認証の取得には様々な専門知識が必要なため、専門会社への外注が一般的です。業者によってはできる範囲が様々なので注意が必要です。

環境性能認証の取得サポート企業

環境性能認証の種類は、BELSやCASBEE、DBJ Green Buildingなど様々です。それぞれ評価項目や取得できる条件、取得のメリットなどが異なり、多くの条件や要望から、その物件が取得するべき環境性能認証を選定する必要があります。適切な提案をするためには、設計や環境性能認証に関する専門的知識が必要となります。

しかし、日本において不動産の環境性能認証の取得をサポートしている企業は珍しく、トータルでコンサルティングできる業者は、まだ多いとは言えないのが現状です。

現在は、主に4つの業種が環境性能認証の取得サポートやコンサルティングを行っています。

【省エネ計算の専門会社】

新築・既存建築物の環境性能や省エネ計算による評価、認証申請サービスを行っています。BELSやCASBEE、DBJ Green Buildingなど様々な環境性能認証に詳しく、取得のための計画策定や環境性能向上、社会課題の解決に向けた取り組みの提案など、ESGに係るトータルコンサルティングも行っているのが特徴です。

ただし、環境性能認証取得のサポートを行っている会社は、日本では極めて少数です。

【不動産コンサルティング会社】

不動産に関わる様々な相談業務を行っていますが、ESG不動産への関心の高まりを受け、不動産価値の向上支援として環境性能認証のサポートを行う会社も増加しています。企業によっては、建物だけではなく、地域活性化やネットゼロの取り組み調査などを行っている企業もあります。

【不動産鑑定会社】
建築物の環境性能が不動産の価値に与える影響が注目され始めたこともあり、不動産鑑定の立ち位置からCASBEE-不動産の取得をメインとしたサポートを行います。

【金融機関】
不動産ESG投資の観点から、主にCASBEE-不動産取得支援を取り扱います。

代行サポート業者選びのポイント

環境性能認証に精通している代行業者は極めて少数なため、選択肢が多いとは言えない状況ですが、業者の見極めは重要です。
外注の際のトラブルとしては、以下の事例があるようです。

- 初めて依頼するため、環境性能認証取得の業務内容や役割分担、業務範囲が正しいのかわからなくて困った。専門会社の説明を聞いても理解しにくかった。
- 民間検査機関から質疑が上がってきた内容が細かく、さらに、やりとりが複数回に及んだため、追加費用が発生すると言われた。追加費用が発生するなら、初めに説明してほしかった。
- いつもお願いしている環境性能認証取得の代行会社があるが、納期に余裕がなかったため断られた。着手までに１～２ケ月待ちと言われた。
- 目標ランクに達していなかったため、ランクを上げるための提案を受けたが、不動産運用上ありえないような提案を受けた。

環境性能認証の申請や計算には多くの時間とコストがかかります。さらに、狙ったレベルの評価が得られる確証はなく、築年数や既存設備によっては取得ができない場合もあります。これらは省エネ計算をしてから判明することも多く、しかし作業が発生している以上、費用負担は発生します。このため、代行業者の選定には対応できる業務範囲や評価実績などの確認が重要です。

大型の複数用途の建築物や多くの物件を所有している場合、どの物件でどの環境性能認証を取得すべきなのか、またはできるのか、自社で判断することは困難です。また、業務として対応できる環境性能認証が限られている代行業者だと、本来なら高ランクで取得できる外部評価が取れない、高ランクを狙いたくてもできないと言われてしまったという事例もあります。

特にCASBEEなど、省エネ性能だけではなく、総合的な環境配慮の認証を取得したい場合には、スクリーニングから提出・質疑・決裁完了までの作業を全て一括で依頼できる業者を選びましょう。

多くの環境性能認証の申請業務を行っている業者であれば、最適な認証評価の種類の提案や、取得のためのコンサルティングも受けることが可能です。民間検査機関の審査を迅速にし、審査をしやすくするための高品質な拾い図・説明資料などの根拠資料を作成できます。

世界中で不動産の環境性能向上の取り組みが必須となり、評価表示が価値に直結する現代、よい業者の選定が取得への近道です。

また、代行業者自体が少ないため、結局自分がほとんど対応しなければならないケースや、無駄に費用がかかってしまったという場合でも、他の業者に頼ることができずに泣き寝入りするしかないということもあるようです。そして、取得の手続きはやってくれても、ただ手続きをするだけという業者も多いです。計算をしてみて、取得したいランクに到達していない場合に、提案ができないのでは専門家に依頼する意味がなくなります。

結論を言うと、環境性能認証取得の代行業者を探すためのポイントは、実績、そして、専門的な知識を要する業務を全て任せられること、メリットだけではなくデメリットも含めた解説と説明——ではないでしょうか。

さらに物件に応じてどの環境性能認証を取得するのが最適かのアドバイスをしてくれるだけでなく、目標とするランクを取得するための変更提案をしてくれるのがベストと言えるでしょう。

図77 代行サポート業者の対応例

高品質・スピード納品

民間検査機関の審査を迅速にし、審査をしやすくするために、当センター独自でCASBEE不動産用の丁寧な拾い図・説明資料などの根拠資料を作成。さらに、(一財)建築環境・省エネルギー機構(IBEC)の資格保有者によるダブルチェック体制により高品質を担保。

柔軟な対応とコミュニケーション能力

お客様のご要望にあわせて対応させて頂きます。

- ◉質疑直接対応：製本して納品してほしい、専門用語がわからず、調べる時間ももったいないため、民間検査機関と直接、質疑対応などをして欲しい。
- ◉提出・受取代行：民間検査機関に提出しにいく時間や提出の際に民間検査機関からの質問に対応できないため、提出や受取の代行もお願いしたい。

信頼の実績

上場企業、大手設計事務所から個人設計事務所まで1,000社以上をサポートしており、累計2,600棟以上の業務実績。現在、年間700棟程度をサポート。
全国の個人住宅、小規模事務所から大型工場・商業施設など幅広い物件用途に対応可能です。

リーズナブルな安心価格(適正な外注費)

安いものはより安く、複雑な建物や規模が大きい建物は業務内容に応じた適正価格で。
お客様が求めているのは適正な業務範囲や内容を適正価格で行う安心感。安い物件はリーズナブルな価格にて、大規模・複雑な物件は丁寧な対応やクオリティを維持しながら、適正価格で外注可能。また、他社の見積額から半値近く安くなった物件もあり、徹底した価格調査をしているため、価格に自信があります。まずはご予算をお伝えください。

出典：環境・省エネルギー計算センター

3-8 | Environment | Social | Governance |

環境性能認証の実施スケジュールと実務

環境性能認証の種類にもよりますが、事前相談から評価認証の公表まで、申請が滞りなく進む場合、約２ケ月程度で完了します。

BELS評価取得の流れ

環境性能認証の取得は外部の専門業者に委託するのが一般的です。

事前相談から申請、認証取得まで、不動産の種類や認証の種類、業者の対応業務の範囲によって変わります。

基本的な流れは下図の通りです。

図78 BELS評価を得るまでの流れ（代行業者経由）

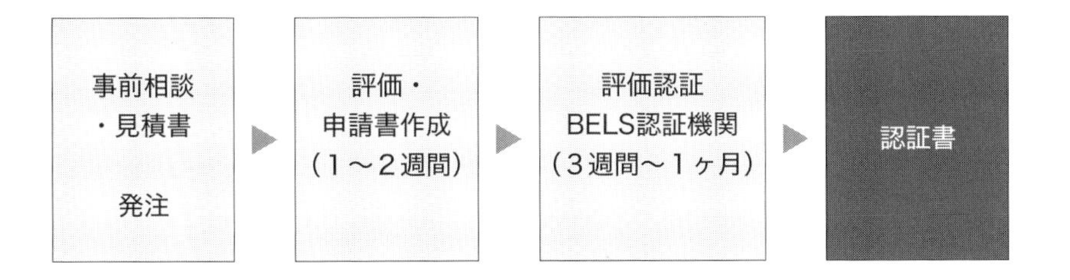

①問い合わせ・事前相談

代行業者に事前相談します。疑問点があれば確認しましょう。

②見積もり依頼資料の送付

代行業者からの返信に従い、必要な資料を添付して送付します。

① 平面図

② 立面図

③ 断面図

④ 概要書（建設地など）

③代行業者から見積書が送付される

この際、BELS取得申請に必要な資料リストが伝えられます。

④資料送付

BELS取得申請に必要な資料を送付します。

⑤計算書作成～データ納品

代行業者が、受領した図面、資料にて計算します。通常、省エネ計算は2～3週間程度で納品をされます。

⑥計算書提出

BELS資料（省エネ計算書など）を民間検査機関へ提出します。提出代行をしている専門会社もあります。

⑦質疑・協議対応～決裁完了

質疑書がメールかFAXで届きますので、そのまま代行業者へ転送します。代行業者が決裁完了まで業務を請け負います。

BELSを取得する際に担当者がすべきことは図面の用意です。計算や申請自体は代行業者に任せてしまってかまいません。ただ、図面の中で不明点があった場合、図面に詳しい設計者や現地を把握しているPM/BM会社の担当者の確認が必要となります。

また、築年数が古い物件の場合、設備更新が行われていても、最新の図面がない場合があります。その場合は、現地のPM/BM会社への確認、あるいは現地に赴いて型番などを確認する必要があるため注意が必要です。

CASBEE認証の流れ

次に、CASBEE-不動産の取得を目的とした、事前相談やスクリーニングから取得・公表まで一括で請け負う業者の場合を見ていきましょう。

①問い合わせ・事前相談

外注業者に問い合わせる際は、業務範囲や必要コストなどを確認します。申請に必要な書類の確認と、現在ある書類や情報を伝え、足りないものがあれば手配します。申請内容、申請関係図書、及びスケジュールなどについても確認しておきましょう。

②見積依頼資料を送付

見積書作成依頼の際に、平面図・立面図・断面図・概要書（建設地などが記載されたもの）などの必要書類も一緒に送ります。揃えられない図面があればその旨伝え、現状揃っている資料のみを送付します。

③見積書受け取り

業者によっては、見積もりと共にCASBEE-不動産評価認証申請に必要な資料リストも一緒に送付される場合があります。ここで、自社にないもの、不明点などを確認しておくとよいでしょう。

④必要な資料の送付

見積書や納期など双方の合意が確認できた場合は、申請業務がスタートします。必要資料を業者に送付します。必要資料は、例えば「店舗」の場合は以下となります。

- 外観写真、内観写真（代表的なもの）
- 竣工図一式（建築、構造、設備、電気、衛生、植栽計画、樹種リスト、外構図を含む）
- 運用管理体制表（エネルギー、節水）、運営管理体制図
- 年間電力消費量実績、年間ガス消費量実績（伝票など3年分）
- 電気、ガス以外のエネルギー（オイル、自然エネルギーなど）を使用している場合は、その消費量がわかる資料（伝票など3年分）、設備の設計図書、設計計算書、実績データなど
- 年間上水使用実績（伝票など3年分）と次年度目標値（L/㎡・年）
- 常勤者数と男女比、来場者数と男女比（平日と土日共）、営業日数、食堂（社員食堂）の食数

- 検査済証
- エンジニアリングレポートまたは、長期保全計画書や設備毎の更新間隔が確認できる資料
- 廃棄物処理負荷抑制の取り組みが確認できる資料
- 管理業務委託契約書（管理会社との契約書：2年以上継続して業務契約）
- 清掃と設備の維持管理における業務手順マニュアル（両方必要）
- 清掃と設備の維持管理報告書（点検報告書）（両方必要）
- 年1回以上の環境などをテーマにしたトレーニングの計画と記録
- EMS認証（ISO 14001 認証書の写しなど）
- 建設前の航空写真、または住宅地図
- 緑化管理方針書
- 空気環境測定の記録（1年分）
- 清掃、設備の維持管理において、環境配慮を明示している基本方針書
- 清掃計画書（外気に接するガラス・照明）

⑤スクリーニング・評価・申請作業

業者によっては届いた資料を確認後、以下の場合はここでスクリーニングを行います。

- 高ランクが取得できそうな物件がわからない
- 複数物件を運用・保有しているため、どの物件の優先順位が高いかわからない
- 評価申請したが希望の評価ランクが取得できるか不安

スクリーニングを行い、どの物件も目標ランクに届かない場合はそこで申請作業は終了となります。

目標ランクに届いている場合は評価・申請作業に移ります。通常、評価・申請書の作成に2週間～1ケ月程度かかります。

⑥ CASBEE-不動産評価認証機関に提出・評価認証

評価認証されるまでに通常1～1.5ケ月ほどかかります。提出から受け取りまでの民間検査機関とのやりとりは、代行業者が行います。

図79 代行業者を通じたCASBEE-不動産認証取得

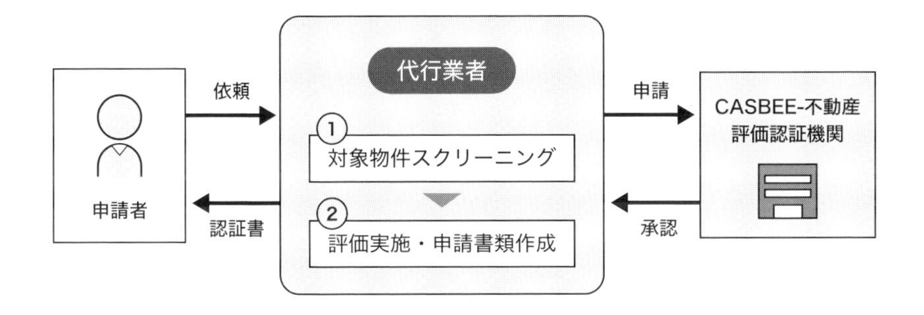

⑦評価認証書の交付

審査終了後、評価認定書が交付されます。認証書が発行されたら、CASBEE-不動産評価申請書（副本）と一緒に郵送にて送付されます。

CASBEE-不動産の場合も、基本的に申請を全て任せてしまって問題ありません。

しかし、取得したいランクを事前に決めておく必要があります。CASBEE-不動産は必須項目と加点項目があり、目指すランクによって集める資料が変わるからです。

また、BELSと同様に、必要な書類を集めることが重要です。CASBEE-不動産では、図面以外にも電力・水・ガスの消費量の資料が必要です。これは契約している会社の明細書にある項目ですが、少なくとも1年分の資料が必要となっています。

そして、必須項目として「企業の運営体制図」がありますが、ない場合は自ら作成して提出をしなければなりません。作り方がわからない場合は、代行業者のアドバイスに沿って作成してください。

CASBEE-建築の場合、CASBEE-不動産の5倍近い評価項目があるため、整理・収集する資料も増えます。一気に集めるのは大変なので、事前に専門業者に確認することでスムーズに進められるでしょう。

BELSもCASBEEも、基本的に申請にかかる業務は代行業者が行います。しかし、代行業者によっては申請を一任することができない、または対応の一部を担当者が行う場合もあります。

環境性能認証の取得申請には、専門知識が問われます。代行業者の見極めが重要です。

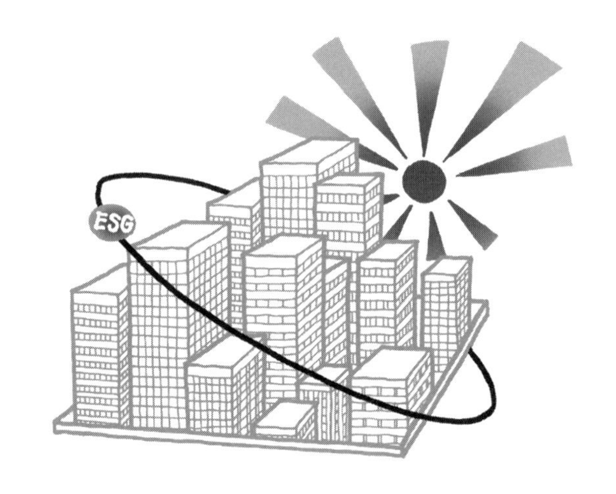

Environment	Social	Governance

第 4 章

J-REITと不動産ESG投資の高い親和性

4-1 | Environment | Social | Governance |

企業が不動産ESG投資をすることの意義

これまでは対外的なアピールの要素が強かったESG投資ですが、年々必要性が増しています。

企業に求められる環境への配慮

2050年カーボンニュートラルに向けて法規制が年々強化されている現在、ESG投資の市場では、建築物の省エネ性能の基準強化や情報開示義務の範囲拡大が推進されています。環境課題への対策を怠ったままでは事業運営に大きな影響をもたらし、市場において厳しい立場に追いやられることは必至です。法律による規制が強化される前に手を打つ必要があります。

間近に迫る気候変動への対策

近年は気候変動による災害が顕著であり、企業のリスク対策にも注目が集まっています。

特に、物理的なリスクは企業に与える損害が大きく、優先的に対策を進めなければなりません。ESG投資を見据えた新築や改築は、その物理的なリスクの対策の一つとして挙げられています。

例えば、気温上昇により冷房機器の使用が増加しますが、環境性能の高い建築物であれば外気が室内に入りにくくなり、室温の上昇を抑えることができます。さらに日射遮蔽(しゃへい)性能も上げていれば、より室温を一定に保ちやすくなるため、冷房機器の使用を抑えられます。光熱費のコスト削減にも有効です。

また、災害のリスク増加に伴い、損害保険料の上昇も予想されています。気候変動により、風水害の影響を受けやすい地域の建物や、エネルギー効率が悪い建物はリスクが高いと判断されるからです。ESG投資に向けた対策を怠るデメリットの範囲は、様々な側面に派生すると考えられます。

ESGへの取り組みは、もはや対外的なアピールだけではありません。事業を維持するために必要不可欠なのです。

図80 不動産へのESG投資の関係図

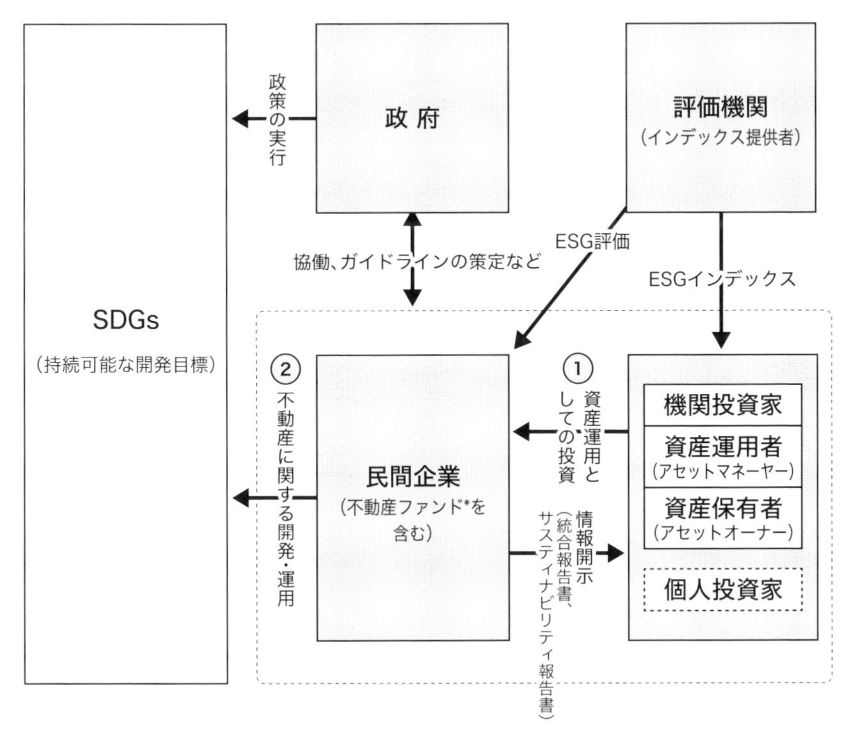

出典：国土交通省「ESG不動産投資のあり方検討会　中間とりまとめ（概要）」（https://www.mlit.go.jp/common/001296849.pdf）を加工して作成

図 81 風水災等による年度別保険金支払額の推移

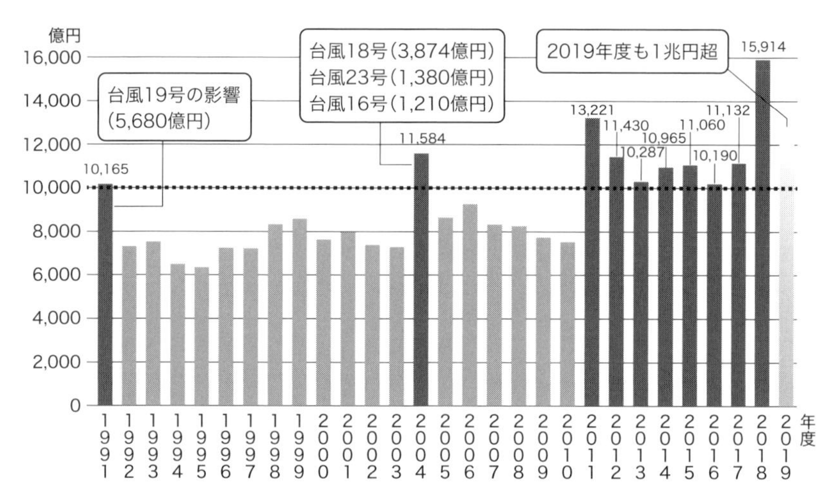

(※1) 損保協会調べ。
(※2) 火災保険、貨物保険、運送保険、風水害保険、動産総合保険、建設工事保険、賠償責任保険の正味支払保険金の合計。

出典：(一社) 日本損害保険協会「水災害リスクに対する損害保険について」(2020 年 4 月 17 日)(https://www.mlit.go.jp/toshi/city_plan/content/001341485.pdf) を加工して作成

4-2 | Environment | Social | Governance |

不動産ESG投資は
J-REITに向いている

中長期的な資産運用を行う J-REIT は環境不動産に対する意識が高く、早い段階から省エネや脱炭素の問題に取り組んできました。

J-REITとESG不動産

不動産投資ファンドの場合は、運用期間が3～5年という限定的な期間のため、運用期間中に環境性能認証の取得を行うのは高いメリットを感じられず、かかる費用がファンドの運用利回りに影響することで、二の足を踏む会社も少なくありません。

不動産ESG投資はまだ歴史が浅く、環境性能認証を取得した物件の賃料上昇など、明確なトラックレコードはまだ時間を要するでしょう。しかし、取得した物件が未取得の物件よりも高値で売買される可能性は高く、全く意味がないというわけではありません。

対してJ-REITは、物件を中長期で所有するケースも多いため、環境性能認証を取得した物件で賃料や入居率を高めることで、大きなメリットがあると言えます。長期にわたって競争力の高いポートフォリオの構築を行ううえで、最善策と言えるのではないでしょうか。

グリーンビルディング市場を活発化させることで、分配金の持続的成長にもつながり、その分、投資家に還元できます。そこからまた投資が促進されればさらなる資金調達にもつながるでしょう。

長いスパンで好循環を生む不動産ESG投資こそ、J-REITに向いていると言えるでしょう。

J-REIT発足当時の2001年、保有する不動産はオフィスが中心でした。それが、住宅、商業・物流施設、ホテルなど多様化し、投資家層についても、事業法人や年金基金、個人投資家に加え、海外投資家も大幅に増えてきています。

超低金利が続く日本において、J-REITの平均分配金利回りは3%を超えており、高インカム資産として確実に市場が拡大しています。今後、さらに日本の不動産市場を拡大させ、国内外の投資家にとって注目すべきマーケットとなるためには、今や世界ではスタンダードである「ESG」の要素がどうしても重要とされていくでしょう。

では、ESGを反映した事業活動は、投資法人と投資家にとってどのような価値をもたらすのでしょうか。

この点について、国際統合報告評議会（IIRC）が定義する、企業が事業活動の中で使用する「６つの資本」、①財務資本、②製造資本、③知的資本、④人的資本、⑤社会・関係資本、⑥自然資本――のうち、従来は①と②だけ考えて収益を分配して還元する流れであったものが、③～⑥の「非財務」の領域まで視野を広げていかなければ、J-REITが求める長期の持続可能な価値創造につながらないとしています。

なぜかというと、経済や社会活動は、環境の影響を大きく受けるからです。

環境問題や社会課題が不動産に与える影響は大きく、ESG対応の有無による不動産価値の変動は大きなリスクです。

環境に配慮した不動産でポートフォリオを組み立てることで競争力は高くなり、高稼働率の維持や賃料の持続的な安定や上昇につながると期待できます。

分配金の向上は円滑な資金調達を可能とし、J-REITの資産規模の拡大、環境不動産の市場形成へとつながります。

安定的な資産運用を目的とするJ-REITにとって、環境不動産及びESGへの取り組みの重要性は、今後さらに高まるでしょう。

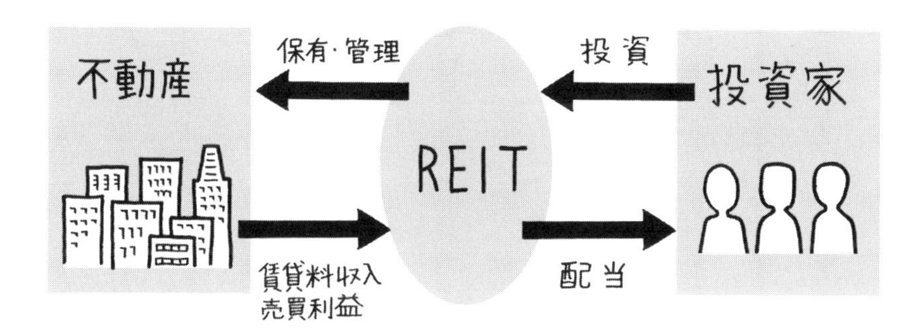
J-REITの仕組み
不動産
保有・管理
REIT
投資
投資家
賃貸料収入
売買利益
配当

J-REIT

図 82　J-REIT の価値創造プロセス

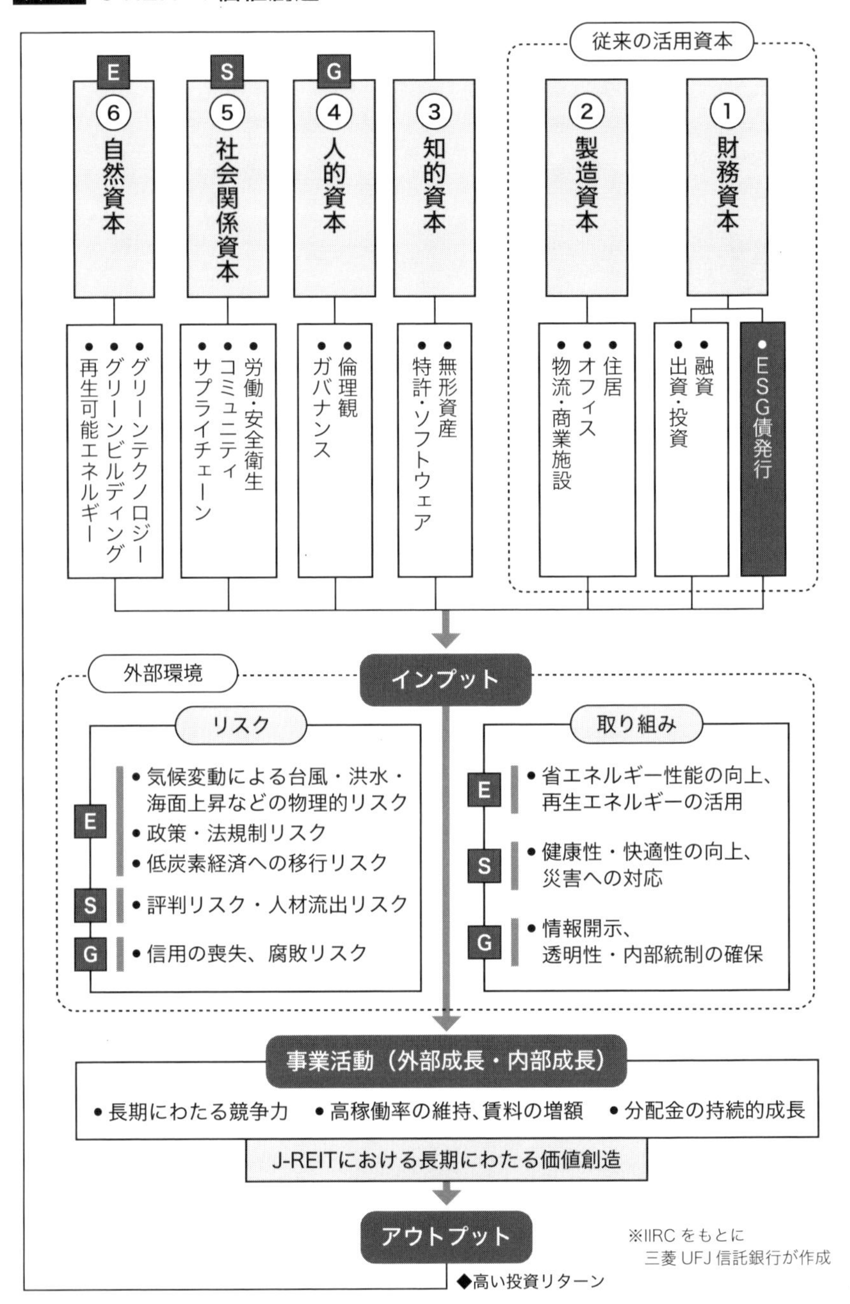

出典：三菱 UFJ 信託資産運用情報（2022 年 3 月号）「J-REIT における ESG 投資」（https://www.tr.mufg.jp/houjin/jutaku/pdf/u202203_1.pdf）を加工して作成

J-REITによるグリーンボンドの発行拡大

グリーンボンドとは、企業や地方自治体などが、国内外のグリーンプロジェクトに要する資金を調達するために発行する債券です。

日本におけるグリーンボンド発行高は年々加速的に伸びており、2023年には発行高が3兆円を超えました。

J-REITでは、2018年に初めて日本都市ファンド投資法人が発行を開始しました。その後次々に投資法人がグリーンボンドを発行しており、J-REITを運用する61社のうち36社に発行実績があり、活用が進んでいます。

グリーンボンドは、調達資金の使途が「再生可能エネルギーに関する事業」「省エネルギーに関する事業」などのグリーンプロジェクトに限定されます。この使途の中には「グリーンビルディングに関する事業」も含まれています。

グリーンプロジェクトとして認定されるためには、グリーン適格資産を有する必要があります。J-REITにおけるグリーン適格資産とは一定レベル以上の環境性能認証を取得した物件です。

つまり、グリーンボンドによる資金調達には、高ランクの環境性能認証の取得目標と取り組みが必須であり、省エネ性能やZEB取得はもとより、テナントの快適性やBCP（事業継続計画）への対策や運用が求められます。

一方で、気候変動や燃料高騰を事業拡大の契機と捉え、防災システムの導入、エネルギー効率化や省エネなどを進め、建物内の照明のLED化、再生エネルギー設備、敷地内の緑化、災害時の避難所開放など、環境改善や社会課題の解決に取り組み、積極的に保有不動産のグリーンビルディング化を進める投資法人も存在します。

2021年7月のトラスト基礎研究所の調査によると、J-REITにおけるグリーンボンドの資金使途は主に「新規または既存の不動産のうち、一定の環境基準を満たすグリーン適格資産の取得資金、及びその取得に要した借入金の借り換え等」です。

J-REITによるグリーンボンド発行の拡大の流れが、環境性能認証取得物件の優位性を高めており、今後もこの流れが加速すると予測されます。

図83 グリーンボンド調達資金の使途

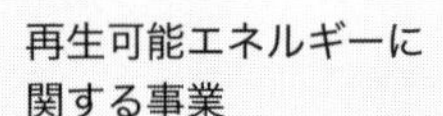
再生可能エネルギーに関する事業

省エネルギーに関する事業

汚染の防止と管理に関する事業
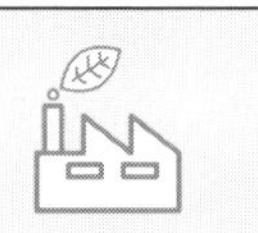

自然資源・土地利用の持続可能な管理に関する事業

生物多様性保全に関する事業

クリーンな運輸に関する事業

持続可能な水資源管理に関する事業
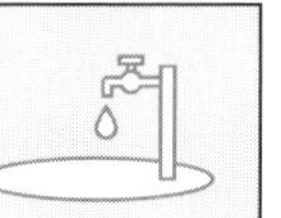

気候変動に対する適応に関する事業

サーキュラーエコノミーに対応した製品、製造技術・プロセス、環境配慮製品に関する事業
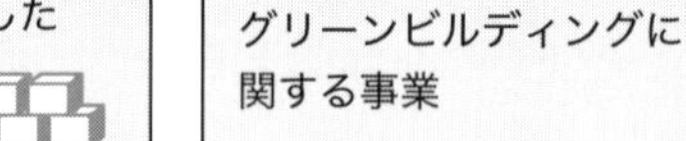

グリーンビルディングに関する事業
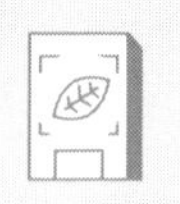

出典：環境省「グリーンファイナンスポータル」
（https://greenfinanceportal.env.go.jp/bond/overview/expectations.html）を加工して作成

図84 国内企業等によるグリーンボンドの発行実績

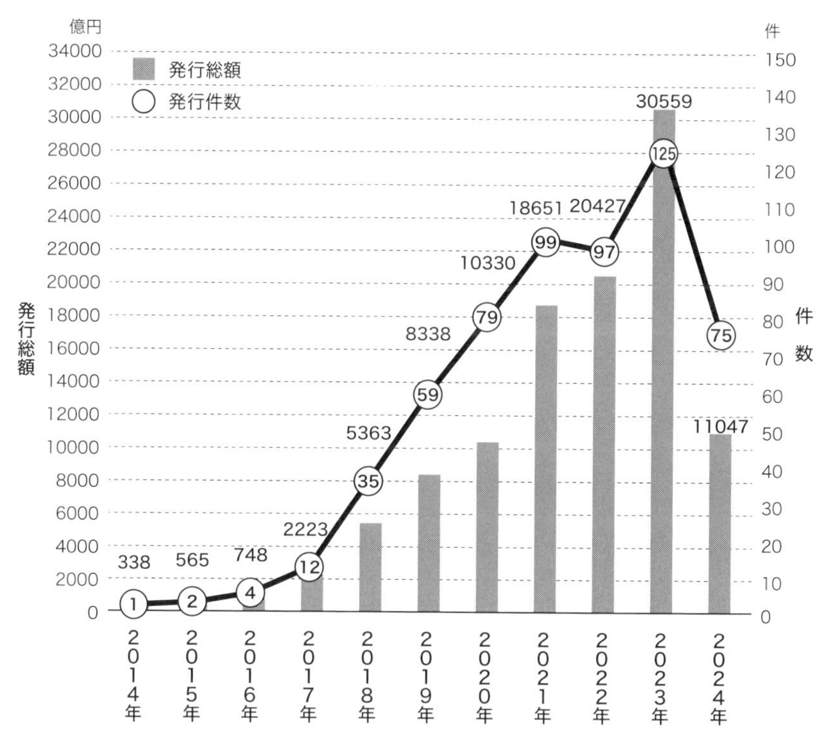

2024年10月4日時点
2014年～2023年の外貨建て発行分については1米ドル＝110円、1ユーロ＝135円、1豪ドル＝90円にて円換算。
2024年以降の外貨建て発行分については各年の報告省令レート1月分にて円換算。
上記発行総額の増減には為替の変動による影響を含む。

出典：環境省「グリーンファイナンスポータル」
（https://greenfinanceportal.env.go.jp/bond/issuance_data/market_status.html）を加工して作成

4-3 | Environment | Social | Governance |

昨今の機関投資家は不動産ESG投資に注目している

機関投資家は、不動産 ESG 投資を長期的な視点から評価し、積極的に取り組む姿勢を見せています。

ESG投資市場拡大の背景

2006年の国連のアナン事務総長による投資の意思決定プロセスにESGを組み入れる「責任投資原則」(PRI) の提唱、さらに2008年のリーマン・ショック以降、それまでの短期的利益追求型の経営・投資に対する批判が世界的に高まったことで世界の多くの機関投資家がPRIに署名。ESG投資市場は大きく拡大しました。

日本では2015年9月にGPIF (年金積立金管理運用独立行政法人) がPRIに署名しています。これは、世界最大規模の機関投資家が投資先の選定にESGを重要視したことにより、ESGに消極的な企業は投資や融資の対象から除外されるというリスクを、全ての企業に対して示したことと同じ意味を持つと言っても過言ではないでしょう。

2019年には国土交通省が「ESG不動産投資のあり方検討会」を設立、2021年には「不動産分野の社会的課題に対応するESG投資促進検討会」が立ち上がりました。当初は「環境 (E)」領域への取り組みが先行していた日本のESGは、「社会 (S)」領域への対応強化を推進しています。

こうした国主導の動きもあり、運用会社・投資家の意識改革は大きく進み、不動産ESG投資市場は過去数年間で急速に拡大中です。

ESGやSDGsは、企業のブランドを高めて間接的に収益を上げるものではなく、今や事業収益に直接影響するものとなっているのです。

図 85 「不動産 ESG」の実践について

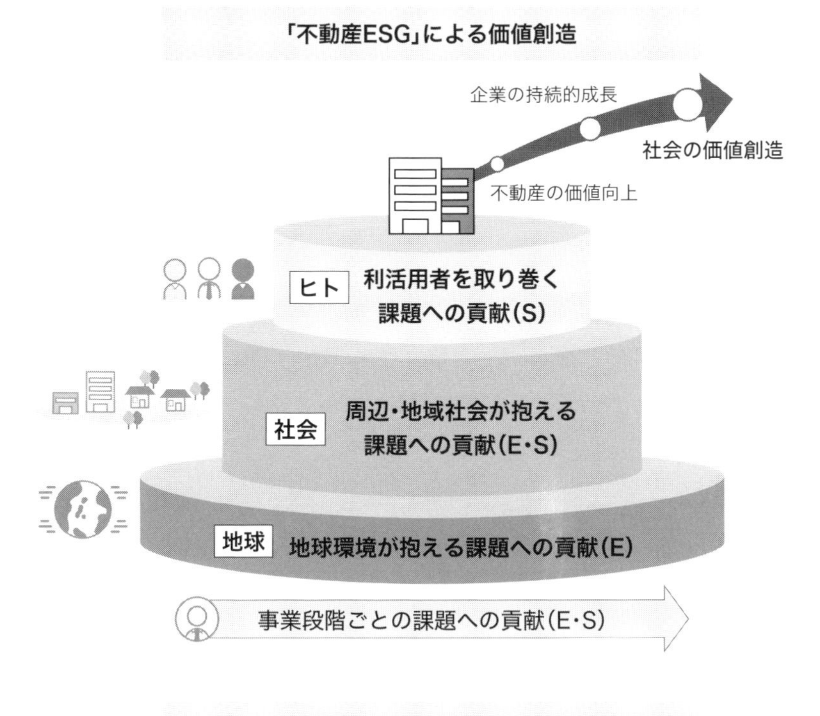

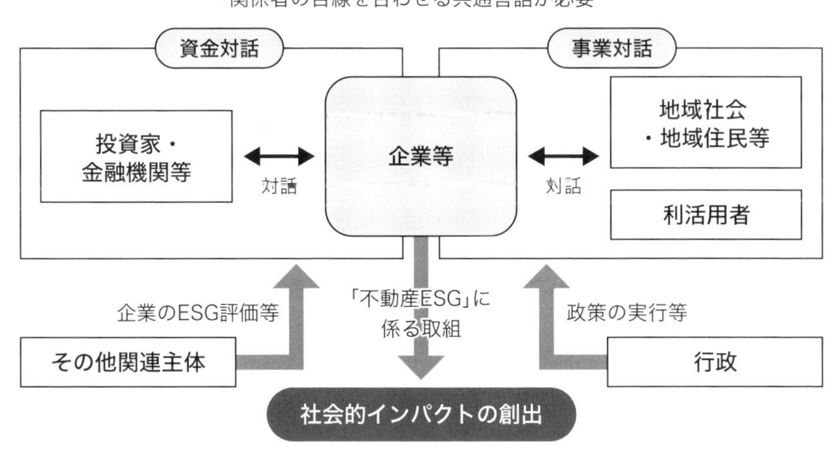

出典：国土交通省「不動産 ESG」実践ガイダンス（案）概要」
（https://www.mlit.go.jp/tochi_fudousan_kensetsugyo/content/001589024.pdf）を加工して作成

図86 不動産に係る社会課題等(4段階・14課題・52項目)

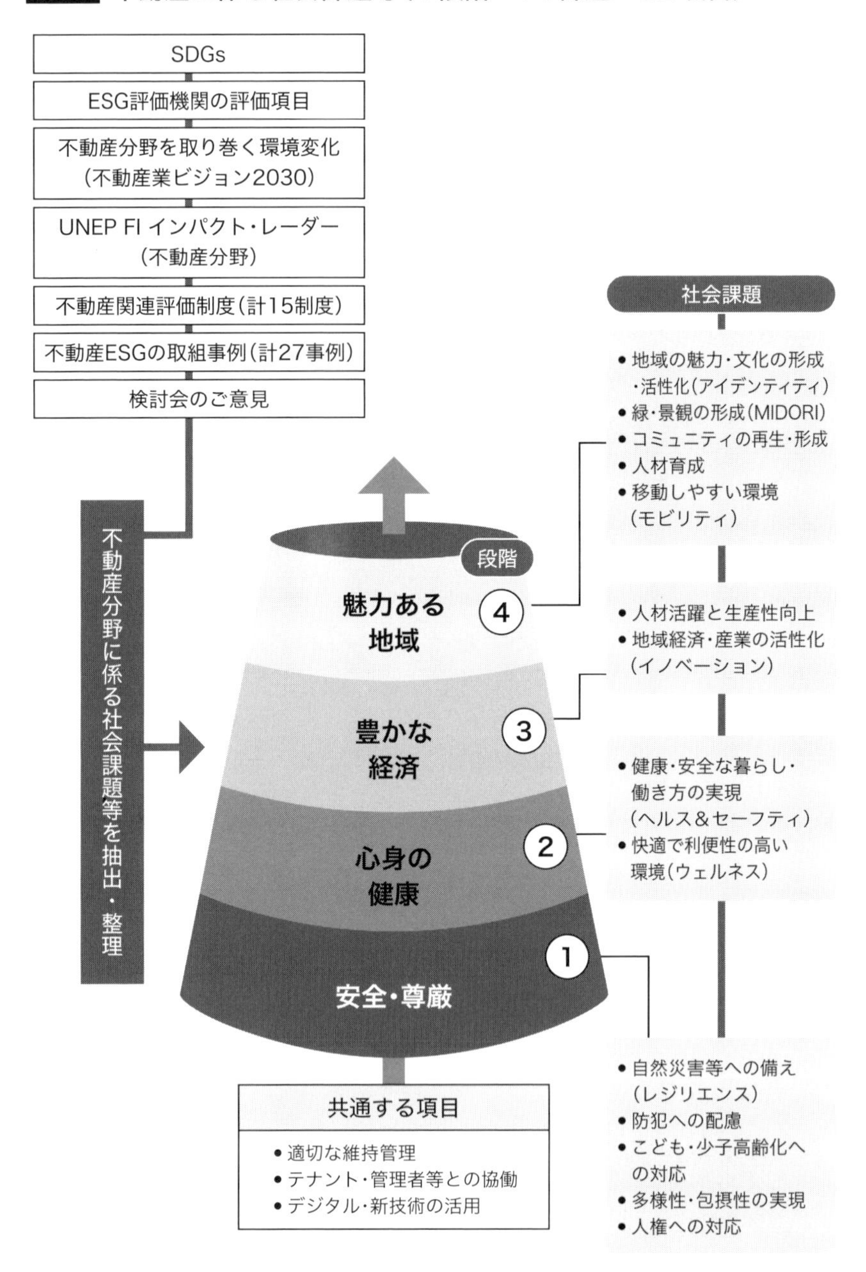

出典：国土交通省「不動産 ESG」実践ガイダンス（案）概要」
（https://www.mlit.go.jp/tochi_fudousan_kensetsugyo/content/001589024.pdf ）を加工して作成

国内の不動産ESG投資市場と成長

一般社団法人不動産証券化協会の「機関投資家の不動産投資に関するアンケート調査」によると、不動産のESG投資について実施の有無を聞いたところ、実施していると回答した割合は、年金では9.4%、一般機関投資家では29.8%でした。投資を実施している理由としては、「長期的な運用パフォーマンスが向上すると考えるため」が年金では40.0%、一般機関投資家では64,7%としています。

また、NPO法人日本サステナブル投資フォーラム（JSIF）が、国内の機関投資家に行った「サステナブル投資残高」の調査によると、2015年には約4,350億円であったサステナブル投資残高は、2021年には約12兆円（2015年比で約28倍）まで増加したという結果が出ています。

一方、日本国内の収益不動産市場は約272兆円となっており、J-REITなど金融商品化されている不動産に限定しても市場規模は、推定で約46兆円です。

また、不動産ESG投資は、環境への取り組みが不動産単体で完結するため導入しやすく、既存物件においてもLEDや省エネ設備、太陽光パネルなどの導入にかかるコストが比較的低廉です。

不動産のESG対応のレベルも、省エネ計算による環境性能認証などの数値で明確に確認できます。

さらに、省エネ機器導入によるエネルギー削減など、施策実施による効果が定量的に把握しやすく、施策実施について投資家や金融機関の理解が得やすいとの声もあります。

これらのことから、不動産ESG投資市場がさらなる成長余地を残しており、機関投資家たちの注目は今後も大きくなると予想されています。

コラム

ビルオーナー、テナントにもメリットがある グリーンリース

グリーンリースはオーナーとテナントが双方協力して環境改善に取り組むという新しい取り組みです。

簡単に例を挙げると、省エネ性能の高い設備の導入費用をオーナーが負担することで、削減できたランニングコストの一部をグリーンリース料として、オーナーに還元する仕組みです。そうすることで、オーナーとテナントの双方にメリットが生まれます。J-REITはこのグリーンリース契約を積極的に取り入れていますが、日本ではまだ普及が広まっていないというのが現状です。

その理由の一つとして、日本ではグリーンリースに対する認知や有用性が広まっていないために、企業が個別に環境配慮を行っているものだと思われがちということが挙げられます。

また、ある程度理解していたとしても、省エネ設備によるメリットが感じられなかったり、そもそもグリーンリース契約を結ぶ手間なども懸念事項の一つのようで、導入に踏み切る企業数が伸び悩んでいるのが現状です。

グリーンリースを広めていくためには、オーナーやテナントなど直接関係する企業だけでなく、個人レベルにまで認知を広げることが必要です。「ESG」や「サステナビリティ」といった言葉も言葉自体は知っている人が多いものの、意味を理解している人は少ないです。「グリーンリース」も言葉だけが独り歩きして、本当の意味が伝わらない可能性が高いため、今後、日本ではいかにグリーンリースによって得られるメリットが大きいか、社会が一丸となって広めていく必要があると考えられます。

4-4 | Environment | Social | Governance |

不動産ESG投資を牽引するJ-REITはどのように取り組んでいるのか？

投資家のESG意識が高まりつつある昨今、J-REITのESGへの取り組みは加速的に進んでいます。

J-REITによるGRESBへの参加状況

J-REITは投資家から集めた資金や金融機関からの融資を基に不動産に投資します。この不動産を取り巻くニーズは、昨今では環境性能や優れた快適性などに意識変化しており、さらに世界各国の法整備をはじめとした環境規制の強化を受け、J-REITにおいてもESGへの配慮を重視する見方が広がっています。

この動きを証明するのがJ-REITのGRESBへの参加状況です。GRESB（グローバル不動産サステイナビリティ・ベンチマーク）とは、不動産・インフラを開発・保有・運用する会社やファンドを対象に、ESGへの配慮の評価を行う組織です。

GRESBの評価は、会社やJ-REIT単位で行われます。このため、不動産を直接購入する形の投資ではなく、不動産企業や複数の不動産が組み入れられるJ-REITに投資するような投資家にとっても参考となる評価システムとなっているのが特徴です。

また、評価項目は多岐にわたっており、「持続可能な社内の体制を整える」「ESGに対する情報の開示」「保有した不動産物件に対しての環境負荷削減の取り組み」「従業員やテナント等への健康や快適性の取り組み」といった内容が含まれます。

こうしたGRESBへのJ-REITの参加は、2024年6月時点において計58銘柄となっており、時価総額ベースでの参加率は9割を超えています。投資家にとって、ESGへの取り組みは既に無視できない重要な要素となっていることがわかります。今後、J-REIT市場をはじめとした国内不動産市場が、世界に通用する市場として成長していくためには、ESGに対する取り組みの重要性は大いに高くなるものと言えるでしょう。

図 87 J-REIT の価値創造プロセス（※図 82 の再掲）

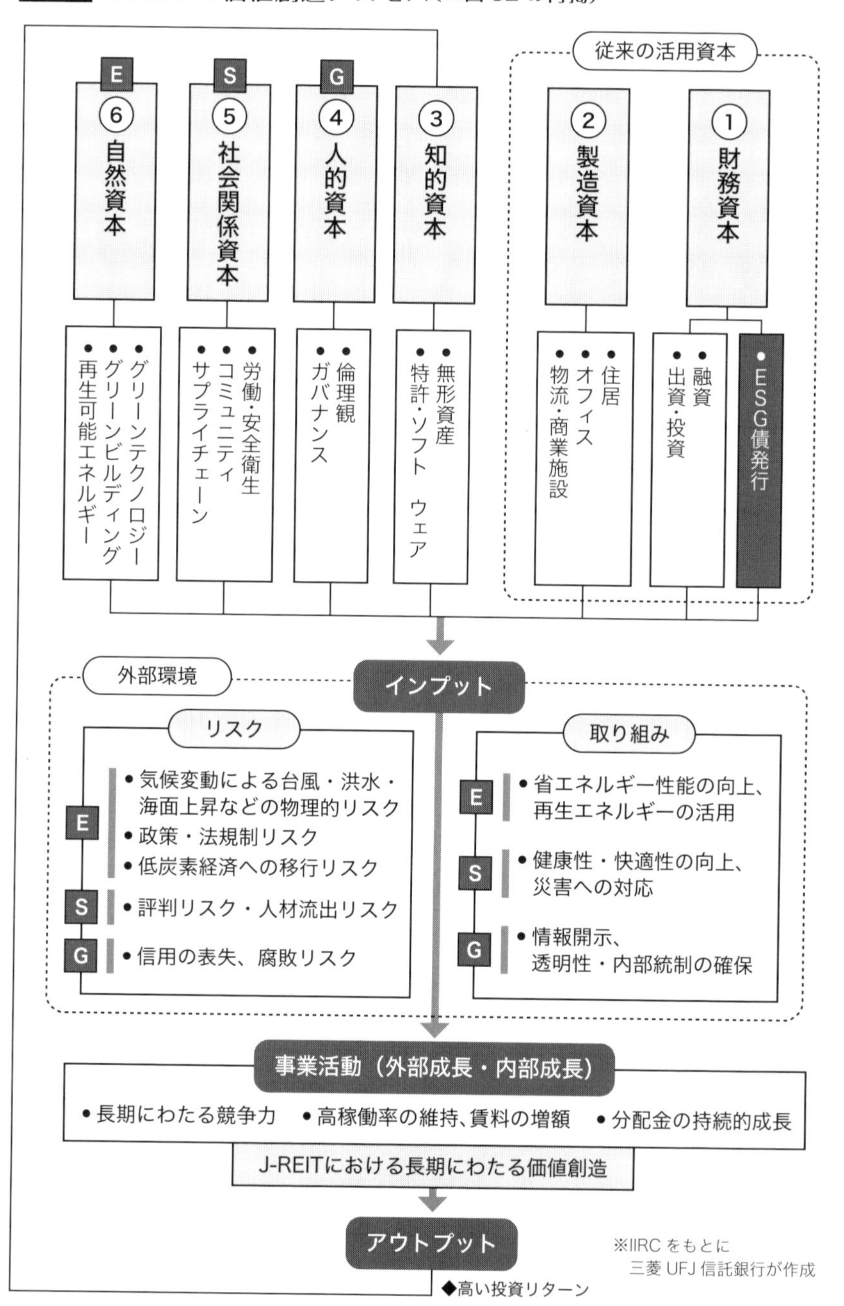

出典：三菱 UFJ 信託資産運用情報（2022 年 3 月号）「J-REIT における ESG 投資」（https://www.tr.mufg.jp/houjin/jutaku/pdf/u202203_1.pdf）を加工して作成

図88 GRESB リアルエステイト評価参加 J-REIT の推移

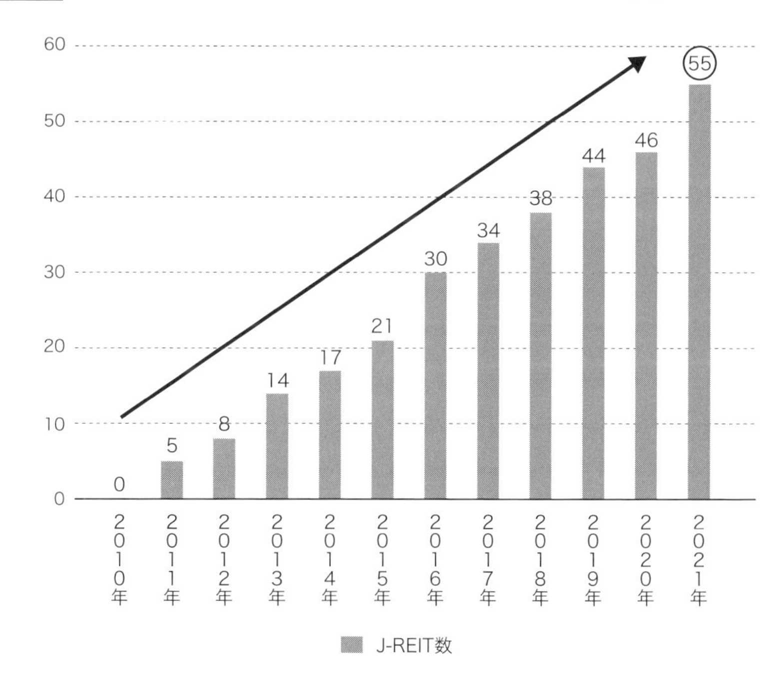

出典：三菱 UFJ 信託資産運用情報（2022 年 3 月号）「J-REIT における ESG 投資」
https://www.tr.mufg.jp/houjin/jutaku/pdf/u202203_1.pdf

※GRESB データより三菱 UFJ 信託銀行が作成

J-REITから見たESGそれぞれの取り組み

各J-REITにとって、関心が高い項目はやはり「E：環境」です。省エネや再生エネルギーの活用は、光熱費などの低コストを実現するだけでなく、環境に配慮した物件というブランド構築により、企業やESG投資を重視する金融機関などからの融資が期待できます。

環境への配慮の実現には、人々が快適に過ごす空間の提供と、これを支えるインフラが必要です。このため、J-REITでは物流施設や交通、医療、介護などオフィスを含む非住宅施設の提供も積極的に行っています。これらの施設は社会的課題の解決にも貢献し、自ずと「S：社会」への対策につながります。

環境と社会課題に配慮した不動産は、物件の稼働率向上や賃料の上昇を見込むことが可能です。持続可能性の評価向上と競争力の高いポートフォリオの構築に加え、資金調達にも有利に働くと考えられています。
　もちろん、投資家にとっては対象企業の「G：ガバナンス」がESGに配慮したものであるかの確認は、「投資主利益の最大化を目的として運用を行う」という点において「E」「S」と同様に重要です。
　ESG配慮を軽視することで起こり得る不祥事は、企業経営に致命的な損失を与えるでしょう。「E」「S」と比較して「G」の開示項目は多くはありませんが、J-REITでは企業の正確な開示を求めています。

　また、不動産ESG投資はJ-REITの資金調達にも大きな役割を担っています。グリーンファイナンス（サステナビリティファイナンス）という、グリーンプロジェクトに限定して資金を調達する債券（グリーンボンド）や借入（グリーンローン）によって資金を調達する手段を導入するJ-REITが増えていますが、このグリーンファイナンス（サステナビリティファイナンス）がJ-REITによる不動産ESG投資を促進する一助になっていることは間違いないでしょう。

J-REITにおけるESG不動産の取り組み事例

　J-REITでは、ESG情報開示として様々な取り組み事例を公開しています。日本プロロジスリート投資法人では、サステナビリティに配慮した施設であることを客観的に示すために、外部の認証基準を採用しています。特に新規に開発する物件では環境認証のカバー率を100%にするという意欲的な目標を設定。グリーンビルディング化を積極的に促進しています。

　オリックス不動産投資法人では、サステナビリティの重要課題の一つに「気候変動対策の推進」を掲げており、保有物件において、エネルギー効率改善や省エネルギーに資する設備機器の導入などを図ることで温室効果ガス排出を削減、さらに各種のグリーンビルディング認証を取得し、客観性とパフォーマンスの可視化を図るとしています。具体的な数値目標として、グリーンビルディング認証の取得割合を2030年までに床面積ベースで80%以上とすることを設定。年度毎の実績値と共に進捗状況を開示しています。

日本プライムリアルティ投資法人が行っているのは、BCP策定及び地震災害などへの取り組みです。地震リスクを考慮し、一定の耐震基準に満たない物件は取得しないことを徹底。特に、新宿センタービルに関しては、スポンサーである大成建設のサポートを受けて2009年、既存の超高層ビルとしては国内初の長周期地震動対策となる「軸力制御オイルダンパー」288台を設置しました。東日本大震災時には、最大変位を22%、最大加速度を29%低減し、被害を最小限に留めることに成功しています。

日本リート投資法人では災害時の地域コミュニティへの支援に力を入れています。複数の保有物件において、災害時に飲料を無償提供できる自動販売機を設置。通常時は自販機として飲料を販売していますが、災害時には誰でも簡単に飲料を取り出すことが可能です。さらに、災害時に消防署に保有する1物件の屋上を提供する契約を締結。非常災害時や停電・故障によるエレベーターの緊急停止などに備え、倉庫及びエレベーター内に非常用収納ボックスを設置しています。

ヒューリックリート投資法人では、保有物件において利用者の健康性、快適性の維持・増進を支援する建物の仕様、性能、取り組みを評価する「CASBEE-ウェルネスオフィス評価認証」を取得。定期的に満足度のアンケートを行い、テナントの快適性向上に向けた改修工事や災害時に備えた安全対策や防災備品の設置など、改善に向けた取り組みも継続的に実施しています。

J-REITは不動産オーナーであり、「住み心地」「働きやすさ」「消費・レジャーの充実」それらを支える「物流・生活インフラの構築」の場所を提供するという重要な役割を担っています。これら物件のテナント満足度の向上には対価となる適性賃料の確保が必要で、ひいてはJ-REITの収益源となります。今後はさらに、ESGはJ-REITをはじめとした投資家にとって、今後もさらに欠かせない要素となるでしょう。

図 89 ESGにおけるインデックス投資サイクル

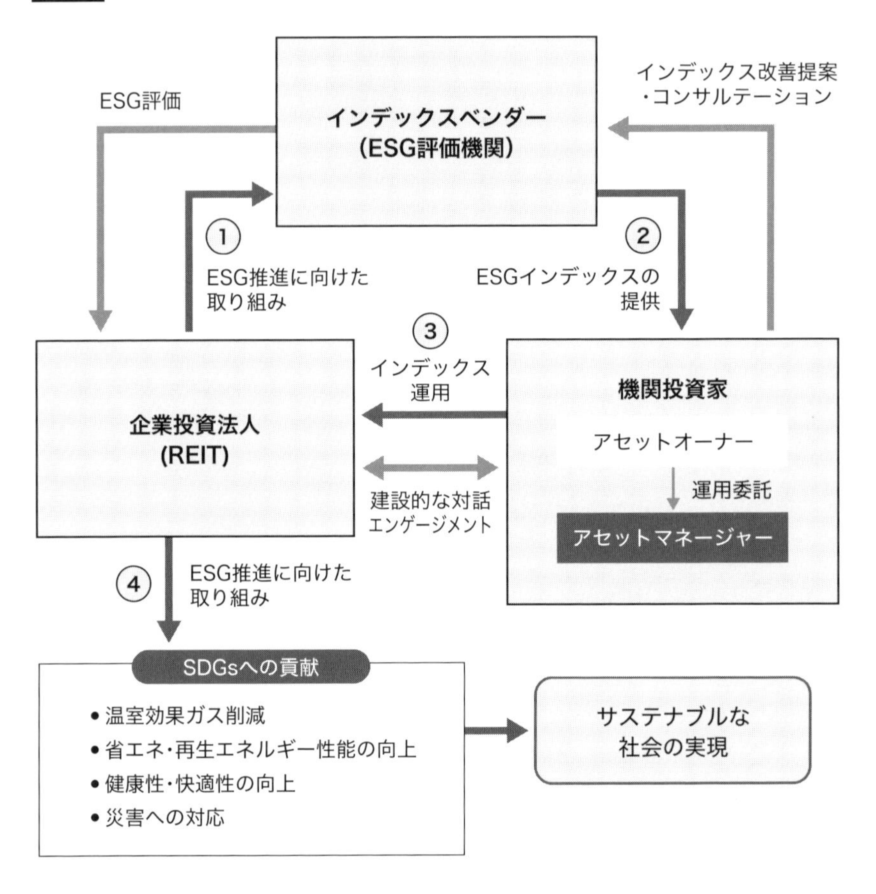

出典：三菱 UFJ 信託資産運用情報（2022 年 3 月号）「J-REIT における ESG 投資」
https://www.tr.mufg.jp/houjin/jutaku/pdf/u202203_1.pdf
※三菱 UFJ 信託銀行が作成

図 90 GRESB 評価と賃料の関係

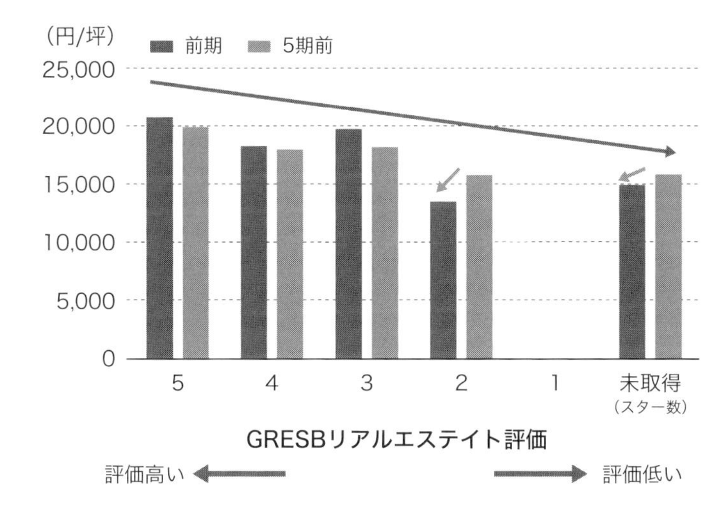

出典：三菱 UFJ 信託資産運用情報（2022 年 3 月号）「J-REIT における ESG 投資」
https://www.tr.mufg.jp/houjin/jutaku/pdf/u202203_1.pdf

※各投資法人決算資料より三菱 UFJ 信託銀行作成。オフィス型 REIT（総合型含む）を対象として、
1 坪あたりの各投資法人の平均賃料を GRESB リアルエステイト評価（スター数）毎に平均化したもの。
時期は、前期実績と 5 期前の実績データで比較。
※三菱 UFJ 信託銀行が作成

直近５年間で、GRESB評価が低い投資法人は賃料が下がり、
評価が高い投資法人は賃料の上昇が見られている。

4-5 | Environment | Social | Governance |

J-REIT各社のESG基準の整理

J-REITはESGに取り組んでおり、「GRESB」への参加や「TCFD」に賛同する法人も増えています。

J-REITのESG取り組み状況の公開

ESG投資市場における投資判断には、ESGへの取り組み情報が不可欠です。そこで各社は、ESG情報開示の充実度を測るGRESBに参加し、取得評価を開示しています。

また、BELSやCASBEE、DBJ Green Building認証などの外部環境性能認証の取得を推進し、保有物件の取得状況を公開。昨今では気候関連財務情報開示タスクフォース「TCFD」に賛同する投資法人も増えており、今後はTCFDの情報開示も重要な要素になると考えられます。

J-REIT各社のESG取り組み事例

【日本ビルファンド投資法人】

GRESBリアルエステイトの2023年評価において、2015年より継続して「Green Star」の評価を取得すると共に、総合スコアの順位に基づいて評価されるGRESBレーティングにおいて、「4 Stars」の評価を取得しました。また、GRESB開示評価においても、最上位の「A」の評価を取得しています。

グリーンビルディング認証・評価の取得方針について、「NBFは、ポートフォリオの環境リスクを低減すると共に中長期的な資産価値向上を図る目的で、既存運用物件におけるグリーンビルディング認証・評価率100%を目指します」とし、保有物件の外部環境性能認証の取得率は97.1%です。DBJ Green Building認証、CASBEE-不動産共に高評価の取得が目立ちます。

図91 日本ビルファンド投資法人　GRESB評価

提供：GRESB Foundation

図92 NBFのグリーンビルディング認証取得状況

（2024年6月末時点）

	評価	取得物件数	取得率（物件数ベース）	延床面積（㎡）	取得率（延床面積ベース）
DBJ Green Building 認証	★★★★	4	5.9%	184,334	9.8%
	★★★	11	16.2%	238,439	12.7%
	小計	15	22.1%	422,773	22.6%
CASBEE-建築	S	1	1.5%	74,653	4.0%
CASBEE-不動産	S	34	50.0%	1,192,874	63.7%
	A	16	23.5%	160,760	8.6%
	小計	50	73.5%	1,353,634	72.3%
合計		66	97.1%	1,851,060	98.8%

※持分面積を乗じた面積、もしくは専有部分の面積を元に算出
出典：日本ビルファンド投資法人　https://esg.nbf-m.com/ja/commitment/greenbuilding.html

【ジャパンリアルエステイト投資法人】

2023年のGRESBリアルエステイト評価において、「GRESBレーティング」では最高位となる「5 Stars」を6年連続で取得し、ESGに関し優れたマネジメント体制とパフォーマンス実績を示したことを意味する「Green Star」の評価を8年連続で獲得しています。また、情報開示レベルの評価であるGRESB開示評価においても最高位となる「A」を取得しました。

環境性能認証取得への取り組みについて、環境認証（グリーンビルディング認証・省エネ格付けなど）の取得をKPIに定めています。環境認証取得率90%超を維持し、「テナントに選ばれるオフィスビル」の運営に継続して取り組んでいきます」としています。保有物件の取得状況では、DBJ Green Building認証の取得件数が多いことが特徴です。

図93 JREの環境認証取得状況

（2024年3月31日時点）

種類	環境認証取得件数		保有建物における延床面積（m²）	取得率（保有建物における延床面積ベース）
DBJ Green Building認証	★★★★★	1	4,264.56	
	★★★★	10	399,807.04	
	★★★	18	489,044.13	
	計	29	893,115.73	63.3%
CASBEE認証	S	10	113,343.09	
	A	5	42,607.43	
	計	15※1	155,950.52	11.0%
BELS	★★★★★	5（うちZEB4棟）	29,166.65	
	★★★	3	46,907.13	
	★★	2	53,184.66	
	★	8	124,298.05	
	計	18	253,556.49	18.0%
合計		62※1※2	1,078,633.80※3	76.4%※3

※1　CASBEE認証は用途毎の認証取得となる為、用途毎の認証件数。
※2　DBJ Green Builing認証、CASBEE認証及びBELS認証を含む。延べ取得件数。
※3　同一物件に対するDBJ Green Builing認証、CASBEE認証及びBELS認証の重複を除く。

出典：ジャパンリアルエステイト投資法人　https://jre-esg.com/external/

【野村不動産マスターファンド投資法人（NMF）】

外部認証・評価の取得方針について、「保有物件のグリーン認証（3★相当以上）取得割合※を2030年度までに70%まで向上させること」を目標として公開しています。

※グリーン認証（3★相当以上）とは、DBJ Green Building認証3★以上、BELS認証3★以上、CASBEE-不動産B+以上を言います。

現在、グリーン認証（3★相当以上）の取得率は64.5%となっており、DBJ Green Building認証が40.3%、BELS評価は39.4%です。CASBEE-不動産については詳細な開示がありません。

図94 NMFの環境認証取得割合

（2024年10月1日時点）

	物件数	延床面積（㎡）	比率
グリーン認証（3★相当以上）	79	1,595,233.09	64.5%
グリーン認証	86	1,613,731.38	65.3%
DBJ Green Building認証	61	996,265.61	40.3%
BELS評価	47	973,594.21	39.4%

※1　環境認証取得物件数は、「CASBEE-不動産」認証を含みます。
※2　取得状況は、2024年10月1日時点の数値を記載しています。
※3　底地物件を除く保有物件を元に算出しています。
※4　該当物件の持分割合を乗じた面積、もしくは専有部分の面積を元に算出しています。

出典：野村不動産マスターファンド投資法人
https://www.nre-mf.co.jp/ja/esg/environmental/environmental-performance.html

この他、J-REIT各社では環境性能認証の取得状況を公開、更新しています。自社物件のグリーンビルディング化や環境性能認証取得の評価目標などの目安となるでしょう。

コラム

現状、J-REIT・不動産ファンドの環境性能認証の取得基準は二極化している

弊社の調査によると、2024年2月時点で、全58社のうち、企業のKPIとして高ランク取得を目指しているのは4社でした。

例：GLP投資法人

保有物件における環境認証（上位3ランク以上※）の取得割合（延床面積ベース）を2025年までに90%以上に引き上げていく方針

※上位3ランク以上とは、以下の基準に該当する環境認証のことをいいます。

・BELS：3★以上
・CASBEE-不動産または建築（新築）：B+以上
・LEED：シルバー以上
・DBJ Green Building認証：3★以上

ランクに関係なく取得割合を推進しているのは全58社中29社でした。

例：積水ハウス・リート投資法人

ポートフォリオのグリーン認証取得割合70%以上を維持

GRESB評価では、環境性能認証の取得をすることで加点されますが、ランクよりも「ポートフォリオに占めるグリーンビル認証を受けた割合（床面積ベース）」で評価がされています。

そのため、現状に関しては、高ランクを目指す企業よりも、取得割合を重視している傾向が出ていると思われます。

ただ、前項で説明したグリーンファイナンス（サステナビリティファイナンス）という、グリーンプロジェクトに限定して資金を調達する債券（グリーンボンド）や借入（グリーンローン）を目的に限定して、各認証の上位3ランク取得を掲げている企業があり、そちらは58社中48社が取り組んでいるという状況でした。

つまり、J-REITは各認証の上位3ランクを取得することで、投資家たちの支持を得られると考えていると推察されます。そのため、企業のKPIとして、高ランクの取得を目指す企業も増えていくと予想されます。

また、海外の事例でいうと、イギリスは2028年までに省エネ認証「Energy Performance Certificate（EPC）」で全ての物件において評価C以上を義務化しようとする動きがあります。

これを満たさないと、所有物件を賃貸することができなくなり、違反すると、罰金を科せられる可能性があるのです。

2050年にカーボンニュートラルを目指す日本としても、同じような法整備が進む可能性があります。そうなった場合、当然高ランクの環境性能認証取得の動きは加速するでしょう。

ただ、J-REIT各社が取得基準を各認証の上位3ランクという括りで考えているのは、個人的には少し検討の余地があると考えています。

というのも、BELSの★3とCASBEEのB+、DBJ Green Building認証の★3の取得難易度はイコールではないからです。物件単位でも、用途によってはそもそも取得できなかったり、CASBEEよりもBELSを取得しやすい物件だったりということもあります。

J-REITに限らず、不動産の環境性能認証取得を目指す場合は、闇雲に高ランクを目指すのではなく、専門家に相談をして、物件毎に取得しやすい認証の取得を目指すべきでしょう。

4-6 | Environment | Social | Governance |

Q＆Aでわかる環境性能認証の基本

グリーンビルディング化を証明するものが環境性能認証のランク表示です。取得するにあたりよく出る質問をまとめました。

Q 環境性能認証を取得するのに最初にすべきことは何ですか？

A 必要書類リストに沿って、対象となる建築物・不動産に関するあらゆる資料を集めてください。竣工図、図面（主に意匠図・設備図）など、「これも必要だろうか」と思うものでも全てあると良いです。資料が多ければ多いほど、詳細な計算が可能となり、ランクアップできる環境性能認証の選択ができます。

改修している場合は、その改修にあたり作成した図面も必要です。例えば50年前の物件と15年前の不動産を評価する場合、築年数が新しいけれども15年前に建てたまま全く改修していない不動産と、定期的に省エネや耐震を考慮して改修している50年前の不動産を比較した場合、築年数が古くても定期的に改修している不動産の方が高評価を取得できます。

既存不動産の場合は、改修の際の計画書や設備更新などの資料を全て集めてください。

Q 省エネ計算に必要な資料が見つけられません。

A どうしても図面や資料がない場合でも、できる限りの情報を提供することで、存在する資料を基に図面の復元などの対応ができる場合があります。

例えば「建具表」がない場合、窓の寸法がわからないため他社で省エネ計算を断られたものが、「立面図」から窓の寸法を割り出し計算可能にしたという事例もあります。

ただし、専門会社にもよるので、全ての業者が対応できるわけではありません。事前に可否を確認するためにも、まずは対象不動産の資料と情報を全て集めることが重要です。

Q 担当者が自分で計算することはできますか？

A 省エネ計算は、建物規模や用途により計算方法や内容が異なります。設計図書から外皮面積、窓面積、設備機器を全て拾い出し、省エネ計算専用ソフトで計算を行い、外皮性能と1次エネルギー消費量を算出するため、極めて計算は複雑です。このため、専門会社に任せた方が安心だと言えるでしょう。企業の担当者が独自に計算して民間検査機関に提出したところ、全て計算などがやり直しになったという例もあります。

Q 省エネ計算代行業者は、金額で決めても大丈夫ですか？

A 省エネ計算や環境性能認証申請代行は、その会社の業務可能範囲によって様々です。同じクオリティ、希望納期での対応の有無や業務範囲、安全性や実績が十分でリーズナブルにできる業者があるのならそちらに決めるという場合もありますが、金額には相当の理由があることを知っておいた方がよいでしょう。いずれにしても、いくつかの専門会社で事前に相談や業務範囲の確認、見積もりを取り、比較することをおすすめします。

Q 省エネルギー計算はしていないのですが、CASBEE評価は可能ですか？

A 水道光熱費などのエネルギー実績値で評価が可能です。BELSがある場合やBELS(省エネ計算）をセットで取得する場合は、BELSか水道光熱費での選択も可能です。

Q 水道光熱費は3年分必要ですか？　新築物件ではどうなりますか？

A 3年分の取得が難しい場合は、1年分で評価可能です。新築物件も1年後には水道光熱費1年分の実績が取得できますので、竣工後1年以降に評価可能です。

Q 別途新たに図面や資料を作成する必要はありますか？

A 基本的には、省エネ計算のために新たに図面を作成する必要はありません。提出図面を基に根拠資料なども含めて専門会社が作成します。

Q 区分所有建物もCASBEE評価は可能ですか？

A 区分所有建物やフロア単位など、建物の一部を対象に評価可能です。ただし、事務所、店舗、物流の用途に独立して供しているエリアである必要があります。

評価対象とするエリアは、所有や運営に関する事業主体が明確であることが条件ですが、区分所有登記の有無は問われません。

評価を行う際には、評価項目のうち「1.エネルギー／温暖化ガス」「2.水」「5.屋内環境」は、評価対象エリアのエネルギー消費量や水道消費量、屋内環境などの性能について評価を行う必要があります。

一方、「3.資源利用／安全」「4.生物多様性／敷地」の評価は、建物全体の性能と密接に関係しているため、建築主などから関連する情報を入手のうえ、建物全体や外構全体の性能について評価を行う必要があるため注意が必要です。

成功の秘訣はより良い専門会社を見つけること

一番の関心は「安心して任せられる専門会社の見分け方」ではないでしょうか。

まず、認証を取りたい建築物に対応しているかどうかです。専門業者のなかには「新築建物」のみ対応している会社もあります。「既存建築物」で認証を取りたい場合には対応してもらえません。

新築の場合、設計図面やCADデータなどの資料がしっかりと揃っており、やり取りする担当者が設計の方が多いため、図面資料・情報を揃えるなどの難易度が低く省エネ計算を行うことができます。

既存の建築物の場合は、資料・情報の過不足や設備更新に伴う図面のつなぎ合わせが必要な場合があり、さらに、CAD化が必要なことが多く、難易度が高いです。そういったケースにも対応できるかどうかもチェックポイントです。

また、「省エネ計算しかできません」とか、「一部のCASBEEしかサポートできません」といった業務範囲の会社もあり、「複数の認証を取得したい」という場合には不向きです。

さらに、どのくらいの期間で認証が取れそうか、スピード感も念頭におきましょう。加えて補助金の活用ができ、対応に慣れていて、不動産金融やJ-REITについても理解している会社であれば、より幅広い視野での提案が期待できます。

「既存建物に対応できるか？」
「図面が古くても対応できるか？」
「知識や事例は豊富にあるか？」
「CASBEE認定や省エネ計算の業務範囲が限定的か？」
「ワンストップで全ての業務を行えるか？」
「認証取得までの期間はどのくらいか？」
「希望する認証日で対応可能か？」
「補助金に対するノウハウがあるか？」

「不動産金融に対する知識はあるか？」

実際のところ、全てに対応可能という会社はほとんどありません（弊社は対応可能です）。

譲れないポイントと優先順位を決めて、会社選びの参考にしてください。

おわりに

ミッションは
「建築物省エネ計算（環境不動産認証）業界」を創造すること

弊社は「建築分野におけるエネルギー消費を劇的に減らすことで、地球温暖化に歯止めをかける」にチャレンジしている会社です。

2020年10月、当時の菅元首相が「2050年にカーボンニュートラルを目指す」と宣言したことから、日本における環境不動産への注目が高まりました。不動産ESG投資への関心度も拡大しています。

しかし、これまでの建築業界では、建築物の省エネ性能向上はコストを犠牲にしなければならないため積極的に進められてきたとは言い難く、当然、不動産の環境性能認証や省エネ計算の専門家が少ないのが現状です。

こうした理由もあり、不動産のオーナーがいざグリーンビル化しようとしても、どこに相談してよいのか、何から始めたら良いのかわかりません。企業のESG担当に抜擢されたのはよいが、不動産の環境配慮や環境性能認証の取得のノウハウは皆無に近い。皆、手探りで情報を探している状態です。

弊社には、今も多くの方から質問が寄せられています。

この本の目的は、そんな暗闇の中で迷っているグリーンビル化に取り組む企業に向けた道標となることです。これまで弊社に寄せられた問い合わせや、環境性能認証の取得業務を通して培ってきた、環境性能認証に関する知識やノウハウをまとめています。

日本の建築分野における環境配慮の歴史はまだ浅く、しかし2020年10月以降、国は駆け足で環境不動産の義務化などの法制度の整備を進めています。

2025年4月からは、新たな建築物は全て省エネ基準の適合を義務付けられます。もはや、建築物や不動産の環境性能認証の評価表示は必須の時代になりつつあります。
ESGやSDGs、環境不動産やグリーンビル化への取り組みは、企業が開示すべき情報となっています。特に不動産は形として見えるため、企業価値の評価になりやすい傾向にあります。環境性能認証の取得は、企業を挙げて取り組むべき課題なのです。

日本の建築業界が環境や社会課題解決の中心となり、やがて牽引するようになれば、世界に誇る環境大国となり、経済機会は拡大するでしょう。そのためには、やはり建築分野におけるエネルギー消費を減らし、地球温暖化に歯止めをかける、その実績が必要です。
建築物や不動産に関わる全ての人が、環境性能認証取得に取り組むことで、環境建築のニーズは向上し、環境性能認証市場は拡大します。ひいては、建築物が日本の環境・社会・経済の課題を解決する、サステナブルが実現できるはずです。
この本が、その未来への一歩となることを願っています。

「競合」は「協働」

さて、この本を出版するにあたり、「他の省エネ計算業者にサービス内容が漏れるのでは」「この本を読んで、自社で環境性能認証の申請ができてしまうのでは」という声がありました。
しかし、当方は本を出してノウハウを広めることが、弊社の不利になるとは思っていません。もし弊社と競合する会社がこの本を読み、弊社のサービスを取り入れるなど参考にする部分があるのなら、この本を書いた意義は達成できたと思えます。
なぜなら、先にも書いたように「建築物省エネ計算（環境不動産認証）業界の創造と発展」を私たちはミッションとしており、業界を前に進めることができた可能性があるためです。
独占していてはその地位に甘んじてしまい、業界の成長は望めません。競合が周りにたくさん存在するからこそ、切磋琢磨して顧客に選ばれるサービスを提供しようと、クオリティが上がっていきます。
競合することで市場は活性化し、業界の認知度は拡大し地位は向上します。まさに「競合」は市場活性化と業界発展のための「協働」なのです。

本書執筆時点において、不動産ESG投資や企業のESGへの取り組みについてまとめた書籍はあっても、環境不動産市場の実態、グリーンビル化におけるメリットや不動産価値の向上、環境性能認証取得のための取り組むべき業務や評価基準、申請方法など、包括的にまとめたサイトや書籍はありません。

国土交通省や環境省、経済産業省のそれぞれのポータルサイトはあってもまとまってはいないため、企業のESG担当者はネット上にある情報を探すことから始めなくてはなりません。これでは、環境性能認証の認知度がなかなか向上しないのも仕方ないでしょう。

不動産の環境性能がなかなか進まなかったのは、こういった事情もあったのだろうと思います。

前々からESG担当者が欲しかった情報をまとめたのが本書です。この本が多くの関係者にわたり、建築・不動産業界が環境性能認証の取得に着手するのであれば、目的達成の第一歩です。

環境不動産市場が活性化し、業界認知と地位向上のために、同業・関連会社が協働する。その一助になれば幸いです。

環境認証不動産の業界への入社を考えている人へ

最後に、市場活性化を祈り、この建築物省エネ市場に興味を持っている若い世代に向けて、新たな建築分野の可能性についてお話しします。

省エネ基準適合が義務化される2025年に向け、省エネ計算業務の需要は確実に拡大します。その規模は、現在の10倍以上です。これほど成長が見込まれる市場は、国内では数少ないでしょう。

当方は大学で建築を専攻しましたが、当時はバブルが崩壊し景気は低迷期に差しかかっていました。国は不動産を証券化し小口で売買する仕組みを、日本経済復活の切り札にしようとしていました。

建築分野でキャリアを積んだとしても「何者かになれる」という可能性

は低く、私は当時、日本では黎明期だった「不動産証券化」の仕事に携わろうと、証券会社に就職しました。

国の目論見は当たり、不動産証券化マーケットは大きく成長しました。私が就職した2002年当時、不動産証券化に関わっている人材は数百人程度ではなかったかと思います。今や、１万人を超える業界です。

黎明期にあった業界に飛び込んだ私は、パイオニアとしてキャリアを築きました。「何者かになる」という目標を達成することができたのです。

建築業界に進もうとしている人にとって、「環境」は目に見えにくくわかりづらい業界でしょう。それは、建築業における環境分野が未だ「黎明期」だからです。

私は、建築出身者に新たなキャリアを提供し、環境不動産の市場を活性化させ、地球温暖化を阻止したいと考えています。省エネ計算に携わる建築出身者は、現在数百人程度でしょう。今、この業界に飛び込んだ人は、環境性能認証市場の「パイオニア」です。省エネ計算や環境不動産の権威になれる可能性は十分あります。

省エネ計算や環境性能認証の市場は、間違いなく成長拡大します。人と社会の役に立ち、地球環境問題に貢献できる仕事です。

我々と、建築・不動産の環境性能向上を目指し、地球温暖化を阻止するという壮大な目標を達成しましょう。

私たちは待っています。

興味のある学生の方、転職を考えられている方はお気軽にお問い合わせください。

巻末付録

環境性能認証取得に必要な書類リスト

- BELS 取得 必要書類
- CASBEE－不動産取得 必要書類

参考文献・参照サイト

環境性能認証取得に必要な書類リスト

■ BELS取得 必要書類

◎：必須　○：あるとよい

No	図面名	PDF	JWW, DXF, Vector	備 考
1	確認申請書(第一面～第六面)	◎		Word、Excel形式も可。
2	省エネ届出	○(既存BELSのみ)		
3	検査済証	○(既存BELSのみ)		竣工年月日
4	改修工事資料	○(既存BELSのみ)		改修年月日
5	計画概要	◎		
6	付近見取図	◎		
7	仕上表	◎		
8	配置図	◎	◎	
9	求積図	◎		敷地面積、建築面積、床面積
10	用途別床面積表	○(あればなお可)		
11	室別床面積表	○(あればなお可)		
12	各階平面図	◎	◎	
13	立面図	◎	◎	
14	断面図	◎	◎	
15	矩計図	◎	◎	
16	建具キープラン	◎		
17	建具表	◎	◎	
18	機械設備特記仕様書	○(あればなお可)		
19	空調設備機器表	◎		空調設備の型番、仕様(能力、消費電力など)
20	空調設備平面図	◎		空調設備のプロット

21	換気設備機器表	◎		換気設備の型番、仕様(風量、消費電力など)[全熱交換器含む]
22	換気設備機平面図	◎		換気設備のプロット
23	給湯設備機器表	◎		型番、消費電力
24	給湯設備平面図	◎		給湯設備のプロット
25	照明器具姿図	◎		照明器具の型番、仕様(消費電力)、調光など
26	電灯設備平面図	◎		照明器具の配置、数量、制御の有無
27	エレベータ設備仕様書	◎		速度制御方式、回生の有無、積載荷重、定員、定格速度、台数
28	太陽光発電	◎		
29	コージェネレーション資料	◎		

◆標準入力法の場合の補足事項

○空調設備機器表

⇨中央熱源方式（セントラル空調）の場合

熱源機（冷凍機、ボイラなど）とそれに付随する冷却塔、ポンプ類の仕様、個数

空調機の仕様、個数

⇨個別分散方式の場合

屋外機・屋内機の仕様（あるいは型番)、個数

⇨上記に加え全熱交換器採用の場合

全熱交換器の仕様（あるいは型番)、個数

ただし換気設備機器表に記載している場合はこちらでは不要

○空調設備平面図

⇨空調設備機器の位置、冷媒管やダクトの連絡先

※系統図

中央熱源方式の場合

熱源 - 空調機間のつながりの大まかな情報

※制御図

中央熱源方式の場合かつ、ポンプや空調機に制御があり反映させたい場合

制御対象機器と制御方式、制御の具体的数値

○換気設備機器表

　給気、排気、循環用送風機の仕様、個数

　制御有の場合は制御対象機器と制御方式

⇨全熱交換器採用の場合

　　全熱交換器の仕様（あるいは型番）、個数

　　ただし空調設備機器表に記載している場合はこちらでは不要

○換気設備平面図

⇨換気設備機器の位置、ダクトの連絡先

○照明設備姿図

　照明器具の器具番号、消費電力

○照明設備平面図

　照明設備の位置（可能であれば室毎の個数）

　制御関係の仕様、位置（タイムスケジュール制御の場合制御時間の記載）

※給排水衛生設備　特記仕様書

給湯配管保温仕様の記載か、準拠する標準仕様書の記載がある場合のみ

○給湯設備機器表

　給湯器の仕様、個数

○給湯設備平面図

　給湯機器の位置、給湯配管の連絡先、節湯器具（ある場合）

○エレベータ関連図書

　速度制御方式、積載荷重、定格速度、台数

　⇨場合によっては計算書に記載の以下のどちらかの情報が追加で必要

　　A）利用人数、乗客数、一周時間

　　B）５分間輸送人員、利用人数

■ CASBEE-不動産取得 必要書類

No	必要書類・情報	備 考	解 説
1	外観写真、内観写真（代表的なもの）		
2	竣工図一式　（建築、構造、設備、電気、衛生）	※必須ではありませんが、建物の形状などを把握するために最低限、付近見取図、配置図、平面図、立面図、断面図程度は必要	
3	植栽計画、樹種リスト、外構図	※樹種名、緑化面積がわかる資料	
4	平面図、立面図、断面図のJWWデータ		
5	運用管理体制表（エネルギー、節水）、運営管理体制図	※テナントが共同でエネルギー削減に取り組んでいる場合にはその内容を作成（216ページ上図を参照）	運用管理の組織、体制、管理方針が計画され、かつ体制が組織化され、責任者が指名されていること
6	年間電力消費量実績、年間ガス消費量実績	※新築時の省エネルギー計画書がある場合は準備が必要 ※テナントがわかれている場合、テナント毎の伝票が必要 ※集合住宅の場合、共用部の伝票が必要	
7	電気、ガス以外のエネルギー（オイル、自然エネルギーなど）を使用している場合は、その消費量がわかる資料、設備の設計図書、設計計算書、実績データなど	※テナントがわかれている場合、テナント毎の伝票が必要 ※集合住宅の場合、共用部の伝票が必要	
8	年間上水使用実績と次年度目標値（L/㎡・年）	※テナントがわかれている場合、テナント毎の伝票が必要 ※集合住宅の場合、共用部の伝票が必要	建物での水使用量を年間にわたり把握、使用原単位などを用いてベンチマーク比較が行えること
9	水道光熱費（金額）の実績と次年度目標値（円/年）	※物流施設のみ	
10	検査済証	※記載事項証明書でも可	
11	住宅性能評価書（取得項目及び取得等級がわかるもの）	※性能評価を取得している場合	
12	エンジニアリングレポートまたは、長期保全計画書	※設備毎の更新間隔が確認できる資料	
13	廃棄物処理負荷抑制の取り組みが確認できる資料	216ページの下図を参照	

14	管理業務委託契約書(管理会社との契約書:2年以上継続して業務契約)		
15	清掃と設備の維持管理における業務手順マニュアル(両方必要)		
16	清掃と設備の維持管理報告書(点検報告書)(両方必要)		
17	年1回以上の環境などをテーマにしたトレーニングの計画と記録		
18	EMS認証(ISO 14001 認証書の写しなど)		
19	建設前の航空写真、又は住宅地図		
20	緑化管理方針書		
21	空気環境測定の記録(1年分)	※建築物衛生法の非特定建築物の場合、別の質問票で代用可	
22	清掃、設備の維持管理において、環境配慮を明示している基本方針書		
23	清掃計画書(外気に接するガラス・照明)		

※上記資料以外にも資料の開示が必要の場合あり

・必要情報(オフィス)

1	収容人員		(　　　)人
2	男女比		(　　　)%
3	1日当たりの社食の食数	社食がある場合	(　　　)食/日
4	雨水・排水再利用の量	雨水・排水の再利用がある場合	(　　　)L/年
5	直近の大規模改修実施年月日	大規模改修がある場合	(　)年(　)月(　)日
6	年間使用時間		(　　　)時間/年

- 必要情報(店舗)

1	営業日数		(　　　　)日/年
2	常勤者数		(　　　　)人
3	常勤者の男女比		(　　　　)%
4	常勤者の滞在時間		(　　　　)時間
5	来場者数(平日)		(　　　　)人/日
6	来場者数(土日)		(　　　　)人/日
7	来場者の男女比		(　　　　)%
8	来場者数の滞在時間		(　　　　)時間
9	飲食店(喫茶・軽食)の客数	客席数×回転数の計画値でも可	(　　　　)人
10	飲食店(中華・麺類・焼肉)の客数	客席数×回転数の計画値でも可	(　　　　)人
11	飲食店(和食)の客数	客席数×回転数の計画値でも可	(　　　　)人
12	飲食店(洋食)の客数	客席数×回転数の計画値でも可	(　　　　)人
13	雨水・排水再利用の量	雨水・排水の再利用がある場合	(　　　　)L/年
14	直近の大規模改修実施年月日	大規模改修がある場合	(　　)年(　　)月(　　)日

• 省エネ・水管理体制図

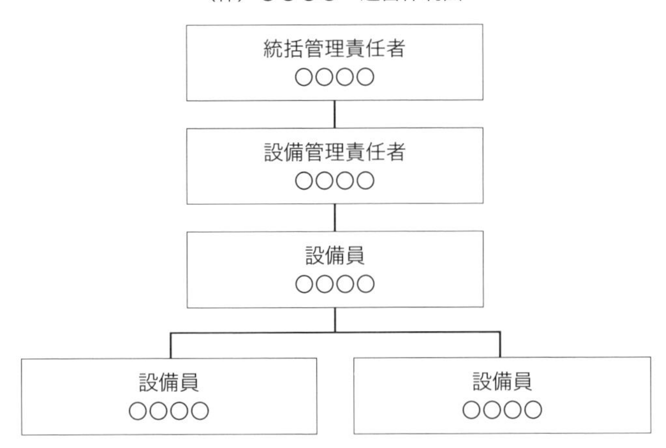

• 廃棄物処理負荷抑制：評価する取り組み（店舗部分）

分類		項目
Ⅰ	ゴミの種類や量の推計	1）ゴミ処理負荷低減対策の計画のために、店舗が日常的に発生するゴミの種類や量を推計している
Ⅱ	分類回収を推進するための空間整備や設備の設置	2）店舗内または共用部にゴミの多種分別回収が可能なストックスペースを設置している
		3）店舗内にゴミの分別回収器・ボックスを設置している
		4）有価物の計画的な回収を実施している（集団回収など）
Ⅲ	ゴミの減容化・原料化あるいは肥化するための設備の設置	5）生ゴミの減容化、減量化、肥化、飼料化、肥料化などの対策を実施している（ディスポーザー、生ゴミの自家処理・コンポイスト化、バイオマス利用など）
		6）ビン・缶類などの減容化・減量化対策を実施している
Ⅳ	リサイクル・積極的な廃棄物削減	7）容器包装、リターナブルコンテナ、リユースハンガーなどの取り組み
		8）食品廃棄物の削減（賞味期限の延長、長期保存容器の採用など）
		9）食器のリサイクルへの取り組み（軽量化、エコトレイなど）
		10）食用油などの再利用への取り組み
Ⅴ	維持管理及び教育	11）廃棄物削減に関する維持管理の組織化及び継続的な教育を行なっている

出典：環境・省エネルギー計算センター

主な参考文献・参照サイト

■『60分でわかる！ESG超入門』バウンド著・夫馬賢治（監修）／技術評論社

■『ESG不動産投資』八尾浩之著／幻冬舎

■『世界がぐっと近くなるSDGsとボクらをつなぐ本 ハンディ版』池上彰（監修）／学研プラス

■『不動産鑑定』2021年6月号（ESG・SDGsの配慮が不動産の価値に及ぼす影響）／住宅新報出版

■『ARES不動産証券化ジャーナル』／（社）不動産証券化協会

■環境省　ZEB PORTAL
https://www.env.go.jp/earth/zeb/index.html

■国土交通省　建築物省エネ法のページ
https://www.mlit.go.jp/jutakukentiku/house/shoenehou.html

■国土交通省「グリーンリース」
https://www.mlit.go.jp/totikensangyo/totikensangyo_tk5_000150.html

■「ESG地域金融に関する取組状況について」2024年3月環境省 大臣官房 環境経済課 環境金融推進室

■「J-REITにおけるESG投資」2022年3月　三菱UFJ信託銀行

■国土交通省「ESG不動産投資のあり方検討会 中間とりまとめ（概要）～我が国不動産へのESG投資の促進に向けて～」

■国土交通省「脱炭素社会の実現に資するための建築物のエネルギー消費性能の向上に関する法律等の一部を改正する法律（令和４年法律第６９号）について」

尾熨斗啓介（おのし　けいすけ）
株式会社HorizonXX（ホライズン）代表取締役。「環境・省エネルギー計算センター」代表。1977年4月11日、長野県生まれ。日本大学理工学部建築学科、同大学大学院理工学研究科不動産科学専攻を卒業。新卒で大手日系証券会社に入社し、新規ビジネスである不動産ファンドアレンジメント、REIT主幹事業務、その後、大手外資系証券会社にて同様の業務に従事。2012年HorizonXX創業。
2019年「環境・省エネルギー計算センター」として、建築物の省エネ計算を代行するビジネスを開始。スピーディーで高品質な「省エネ計算」のプロフェッショナル集団として、年間700件を超える省エネ計算・環境性能認証の代行を請け負っている。日本における不動産・建築ESGの第一人者。

環境性能認証に対応できる「不動産・建築ESG」実践入門

2024年12月1日　初版発行

著　者　尾熨斗啓介 ©K.Onoshi 2024
発行者　杉本淳一

発行所　株式会社日本実業出版社　東京都新宿区市谷本村町3-29 〒162-0845
編集部 ☎03-3268-5651
営業部 ☎03-3268-5161　振　替　00170-1-25349
https://www.njg.co.jp/

印刷／理想社　製本／共栄社

本書のコピー等による無断転載・複製は、著作権法上の例外を除き、禁じられています。
内容についてのお問合せは、ホームページ（https://www.njg.co.jp/contact/）もしくは書面にてお願い致します。落丁・乱丁本は、送料小社負担にて、お取り替え致します。

ISBN 978-4-534-06151-5　Printed in JAPAN

日本実業出版社の本

下記の価格は消費税（10%）を含む金額です。

株式会社 KPMG　FAS・著
定価 2640 円（税込）

図解でわかる ESG と経営戦略のすべて

大気汚染、地球温暖化など気候変動に代表される環境問題、サプライチェーン内の児童労働、低賃金労働などの社会問題を解決するには時間がかかります。持続的成長が求められる時代の経営戦略にアップグレードするための知識を満載した一冊です。

中谷昌文／馬場滋・著
定価 1760 円（税込）

全図解 中小企業のための SDGs 導入・実践マニュアル

SDGs 導入が遅れている中小企業を対象に、「８つの STEP」の流れに沿って、目的の明確化、社員の意識向上、具体的な導入手続き、社内外への PR などの実務を、「ビジュアル」でやさしく解説。中小企業にこそビジネスチャンスがあると伝える！

NEW BUSINESS DEVELOPMENT
実施する順に解説!
「新規事業開発」
実践講座
山崎伸治

山崎 伸治・著
定価 2420 円（税込）

実施する順に解説！「新規事業開発」実践講座

新規事業開発を実施する順に解説。ネタ探し、ビジネスモデルの構築・検証、事業計画書、組織作り、資金調達、営業・業務提携などを網羅！ 著者は上場起業家、銀行マン、投資家、戦略コンサルタントなど様々な経験を持つカリスマ経営参謀！

定価変更の場合はご了承ください。